# Yo, Inc.

## Conviértete en el director general de tu propia vida

# Yo, Inc.

## Conviértete en el director general de tu propia vida

### Guillermo Gánem

**Grijalbo**

**Yo Inc.**
*Conviértete en el director general de tu propia vida*

Primera edición: julio, 2008

D. R. © 2007, Guillermo Gánem

D. R. © 2007, derechos de edición mundiales en lengua castellana:
Random House Mondadori, S. A. de C. V.
Av. Homero No. 544, Col. Chapultepec Morales,
Del. Miguel Hidalgo, C. P. 11570, México, D. F.

www.randomhousemondadori.com.mx

Comentarios sobre la edición y contenido de este libro a:
literaria@randomhousemondadori.com.mx

Random House Inc.
ISBN 978-030-739-235-0

Impreso en México / *Printed in Mexico*

Distributed by Random House, Inc.

# ÍNDICE

**Agradecimientos** 11

**Prefacio** 13

**Capítulo 1.** Hacia una mejor empresa Yo
Invitación a la lectura 17
El genio de los deseos 24
Las dos columnas 31
La pala mental 65

**Capítulo 2.** Mi empresa Yo, un sistema
extraordinario
Tomar conciencia 89
Lo obvio que no es tan obvio 99
El *hardware* de la empresa 113
El *software* de la empresa 127

**Capítulo 3.** El director general de la empresa Yo
debe ser un agente de cambio empresarial
Cómo entender el cambio 157
Elementos para un cambio vertical continuo 172
Empleado contra empresario 181
Actitudes observables de los empresarios
dignas de imitarse 190

**Capítulo 4.** El director general de la empresa Yo
debe ser un inversionista habilidoso

El detonador de los cambios                  217

El tiempo, ¿lo gasto o lo invierto?          228

Convertir en acciones las imágenes de los

deseos                                       238

Momentum                                     245


**Capítulo 5.** Epílogo                      263


**Sugerencias de lectura y talleres**        267

A la memoria de mi esposa Anabelle, inquebrantable en su fe por un futuro siempre mejor.

A mis amados hijos Guillermo, Pablo, Andrés y Alejandro, honrando su fortaleza ejemplar en medio de la adversidad, en la que siempre mostraron un rostro feliz.

# AGRADECIMIENTOS

Imposible haber realizado esta obra sin el estímulo, orientación, consejo, apoyo y aliento de incontables personas que han apuntalado mi existencia.

Gracias a mis padres, ejemplares magníficos de actitud empresarial, sin necesidad de apariencias ni grandes pompas.

A mis hermanos Pepe-Cris, Chelo-Mauricio y Lalo-Mari Rosi, siempre motivadores y ejemplos vivientes de amor incondicional. Saben, hermanos, que las palabras son cortas para expresar lo que significan en mi vida. Mari Rosi, contigo Alejandro recuperó a su madre.

Alfredo y Olivia, gracias por su hija, fuente de constante inspiración y potente motor de este libro, aun ya sin su presencia física entre nosotros.

A mi extraordinario amigo del alma, mi *fratello* Salvatore, y a su madre, mía también.

Vicky Elguea, Adi Portocarrero, Alex Pérez, Rogelio Cortés, Rosita Rivas, Librado y Susy Domínguez, Rolando y Susy Aguirre, Carlos, Pili, Wicho y Paty Abugaber, Anita y Carmelita, Guillermo y Norma González, Viole Gálvez, Jorge y Mari Carmen Cristo, Manolo Garibay, a "las tres Ies", Gabriela San Vicente, amigos "juebebes", a la tía Ana Luz, a la tía Ofe, Alice Galván, muchísimas gracias por sus ejemplos de vida, consejos atinados aunque muchas veces dolorosos, servicio desprendido y apertura en sus vidas y sus corazones. Todos ustedes han sido fuentes continuas de inspiración en estas páginas.

Nekita y Vicente, gracias por mostrarme que el tiempo es relativo para los afectos profundos.

En especial agradezco a Cristóbal Pera, por haberme alentado a escribir este libro de una manera tan emotiva, a César Gutiérrez por sugerirme contenidos y a todo el personal de Random House Mondadori que tuvieron una impresionante fe en mi persona para escribir sobre este delicado tema. Ojalá que sus expectativas no queden defraudadas.

Gilda Moreno, gracias por aceptar ocuparte de pulir la redacción, por tu invaluable apoyo.

A mis detractores, jueces y críticos, agradezco su existencia. Sin ustedes mi vida podría quedar sumergida en la soberbia y la vanidad.

Y a muchos más a quienes en el cruce de nuestras vidas se los expresaré personalmente.

# PREFACIO

En un momento específico de un día específico de mi vida, cuando la salud de mi esposa se deterioró de gravedad cerca de tres años después de que le diagnosticaran esclerosis múltiple, cuando ya no le era posible hacer una vida familiar sanamente participativa, cuando nuestros cuatro hijos, con maravilloso ímpetu, dejaban de ser niños para iniciar la etapa de la adolescencia, al vivir lejos de la familia cercana, la locura y la desesperación llegaron a ponerse frente a mí, tan cerca y tan claro que podría haberme fundido con ellas en un interminable abrazo.

Pero no sólo vivía esta experiencia muy personal y particular (a otros les toca lidiar con un divorcio violento, un hijo drogadicto, un descalabro financiero, en el pasado a un genocidio; muchos más viven, sin que sea necesario, experiencias "dramáticas"... lo que le toca a cada uno) que me presionaba de continuo a quebrantarme en los aspectos físico, mental, emocional y espiritual. Otro aspecto se mezclaba en mi vida: ser un constante cuestionador de la existencia; algo que por largos años me dejó muy confundido era el concepto expresado por San Pablo de que "la locura de la cruz es más sabia que la sabiduría de los hombres". Esta mezcla de lo que me acontecía y la expresión de san Pablo, en el mundo actual, donde todo se ha llevado al relativismo, donde los límites sólo son producto de nuestra imaginación y donde se puede encontrar una corriente "seudofilosófica" de la existencia adaptada a la medida de lo que queramos y cualquiera que sea "está bien", me llevó a exigirle a Dios una aclaración a mi confusión y a mi crisis que podrían haberme hecho perder la razón.

Su respuesta me la dio mediante los sucesos que me han moldeado: me hizo ver en lo más profundo de mi conciencia que no tenía que hacer más milagros, ni apariciones, ni largas peregrinaciones a manantiales salvíficos para que mi vida no se derrumbara. Me hizo percatarme de que ya me había dotado de todos los recursos con los que me creó para vencer las dificultades de esta vida y que lo único que debía hacer, si yo lo decidía, era utilizarlos de la manera más conveniente. Además, si no quería hacerme el ciego, podía evidenciar que, por más mal que me fuera, por más sufrimiento, dolor, soledad, rechazo y crítica que recibiera con respecto a mis decisiones de cómo manejar mi vida y la de mi familia, Él ya había pasado por eso. Al verlo en Su cruz comprendía que me comprendía, pero lo más importante fue que me hizo ver que, al final, no terminaba todo ahí sino en la "Gloria". ¿Estaría dispuesto a pasar por la "cruz" de mis retos diarios utilizando con sabiduría los recursos que me regaló, o elegiría el camino de la locura, la desesperación y la victimización teatralmente justificadas por el "drama de mi vida"?

Él no intervendría en la respuesta. Entonces comprendí, como nunca antes, el valor supremo que tenemos en nuestro papel de humanos: la libertad para elegir en cualquier momento de nuestra vida qué haremos con ella y de ella... sin intervención divina y a pesar de las circunstancias.

Opté por la primera opción al renunciar en definitiva a hacerme víctima y, después de dos años adicionales de deterioro mucho más severo de salud de mi querida

Anabelle y casi siete de su fallecimiento, hoy siento que vivo en la "Gloria". Pero quiero advertir que la gloria no significa que tus condiciones de vida sean ideales, hermosas y perfectas (¡qué infantil sería!), sino entender y aceptar con paz que mi máximo compromiso humano es utilizar de la manera mejor y más consciente posible los recursos con los que fui creado. Y si los resultados que obtengo a cambio de ello no son los ideales para mí ni para los demás, aceptarlo con serenidad y seguir adelante.

A lo largo de este camino por el que opté, han quedado atrás relaciones distorsionadas unas, enriquecidas otras y rotas otras más; de eso no han escapado ni siquiera mis hijos. Pero la gloria quiere decir que, a pesar de ello, hoy mis relaciones, empezando con la mía con mi ser, son más auténticas, más honestas y eso, "eso" lo descubro como una verdadera "gloria de resurrección".

Este libro es mi intento de compartir contigo, con toda humildad y respeto a ti y a tus decisiones, ese camino que opté por seguir y que me ha ayudado en gran medida para sobrevivir en este mundo plagado de retos, dificultades, irregularidades y obstáculos, y saborear con gran intensidad las cosas bellas que contiene, estén como estén las circunstancias.

Me siento muy honrado porque hayas aceptado ocupar algunas horas de tu precioso tiempo en su lectura. Mi máximo anhelo es que, si lo terminas, puedas afirmar que valió la pena la inversión.

Muchísimas gracias.

Guillermo Gánem

# 1 Hacia una mejor empresa Yo

## Invitación a la lectura

Querido lector o lectora:

Cuando nos enteramos de que un reconocido director general va a expresar su punto de vista sobre diversos temas, tendemos a prestar mucha atención a sus palabras, a diferencia de lo que sucede con muchas otras personas de menor nivel jerárquico. Incluso en los eventos sociales, si sabemos que un director está presente, a muchos nos entusiasma la idea de poder conocerlo. Además, con seguridad lo comentaremos al regresar a casa: "¿Sabes quién estaba en la cena de ayer? ¡Fulanito de tal, director de tal empresa!", y lo decimos con una extraña sensación de orgullo.

En los magnos eventos de capacitación en los que contratan a "celebridades" empresariales, en auditorios a menudo llenos a pesar de la costosa entrada, cuando expone uno de estos empresarios hay tal silencio del público que hasta casi se pueden escuchar sus pensamientos.

Pero ¿por qué resulta tan atractiva la figura de un buen director?

Creo que en sí el término *director general* nos cautiva. Cuando lo expresamos junto con palabras como *asistente*, *auxiliar* o *supervisor*, la comparación nos hace sentir que el nivel de uno con respecto a otros vuela a mayores alturas. Esto no implica que puestos distintos no sean tan honorables como el de director, sino que el tipo de retos, actividades, experiencias, relaciones, decisiones y oportunidades que imaginamos que tiene el director lo calificamos como de mucho mayor trascendencia y alcance. Es un rol que raya en lo místico.

La mente y las actividades de un buen director se ocupan, entre otros, de asuntos tan apasionantes como los que siguen:

- Crear un equipo de trabajo con personas muy competentes, confiables y con excelente capacidad de comunicación para construir junto con ellas estrategias de negocios de alto nivel.

- Llevar a cabo reuniones fructíferas para aumentar la penetración de los productos en los mercados nacional e internacional.

- Preparar una presentación que, de ser exitosa, abrirá nuevas oportunidades de negocio.

- Tomar decisiones delicadas y retadoras como la de ajustar presupuestos, renovar sistemas y actualizar tecnologías.

- Buscar de manera constante cómo sostener las fuentes de empleo que ha generado y cómo generar más.

- Participar en debates para resolver problemas sociales apremiantes.

- Viajar por el interior de su país y al extranjero para crear nuevas oportunidades de mercado y consolidar las relaciones con sus clientes.

- Asistir a conferencias y programas de capacitación de alto nivel.

- Aceptar invitaciones a acontecimientos sociales con asistencia de personalidades célebres en diferentes ámbitos empresariales, sociales, políticos y artísticos con quienes intercambiar ideas y visiones.

- Conocer de cerca y apoyar las necesidades más apremiantes de grupos sociales marginados.

¿Podemos imaginar lo que un director adquiere así en lo que respecta a...

- ...el grado de experiencia en todos los ámbitos?
- ...el grado de comprensión del desarrollo económico, social y humano?
- ...la diversidad de respuestas que puede dar a una pregunta retadora?
- ...la visión para descubrir caminos de solución a desafíos fuertes que otros ni siquiera imaginan que existen?
- ...la variada y riquísima conversación que pueden sostener?
- ...la experiencia cercana con culturas muy diferentes de la suya?

¡No en balde nos causa esa atracción un personaje así!

Mi anhelo más profundo al escribir este libro es compartir contigo una serie de conceptos, reflexiones, ejercicios, observaciones y guías de aplicación muy sencilla que te ayuden a hacer una transición de cualquier puesto de nivel inferior al de director general de la empresa más significativa, fascinante y trascendental de todas: ¡tu vida!

Al igual que el director de una gran organización, nuestra vida diaria se ocupa de actividades que pueden ser igual de emocionantes, importantes y retadoras y que, bien manejadas, pueden posicionarnos en niveles mayores y mejores de bienestar en todos los sentidos. Tú, yo y cada persona somos como una empresa con un potencial infinito de crecimiento.

Si todos los seres humanos tenemos los mismos recursos que un exitoso director de una gran empresa, ¿por qué no todos hemos conseguido los mismos resultados? La diferencia radica en que el director conoce cuáles son sus recursos y sabe cómo sacarles el máximo provecho.

Cuando conozcamos nuestros recursos y sepamos cómo aprovecharlos al máximo, estaremos en niveles superiores de bienestar y armonía. Tal es el propósito esencial de este libro.

Mi mayor esperanza es que aquí encuentres diversas herramientas que te ayudarán a dirigir tu vida y percatarte de cuán gratificante es vivir de esta manera.

No es aceptable que uno se sienta apocado, poco agraciado, inútil, inferior o, en una palabra, indigno de ocupar un cargo tan prestigioso. La única y sobrada razón de ello es que somos seres humanos con una dignidad intrínseca que debemos proteger a toda costa, pues ya tenemos todo lo requerido por una persona para hacer de su vida algo increíblemente valioso y trascendente.

Si alguno de nosotros piensa que nuestra condición particular es diferente ya que nos creemos más limitados de capacidades, dones, recursos y talentos que esos directores, albergamos un pensamiento erróneo que nos martiriza inútilmente, contamina nuestra sana relación con los demás y nos impide tener el estilo de vida y actividades que esos admirados directores experimentan a diario. El problema real está, insisto en este punto, en la ignorancia en que muchos seguimos sumidos al saber que contamos con los mismos recursos que los de esos directores y creer que no podremos desarrollarlos tan ampliamente como ellos. La ignorancia se elimina con aprendizaje y la mejora sustancial ocurre al aplicar ese aprendizaje de manera consistente en nuestra vida diaria... y será mejor aclarar desde ahora que en esos dos aspectos nadie puede hacerlo por mí ni por ti. El puesto de director sólo se consigue por el esfuerzo propio. Mientras no nos decidamos a invertir ese esfuerzo, quedará irremediablemente ocupado por otros que, si bien tal vez nos conducirán por caminos que no nos gusten y que generan resultados que nos agradan mucho menos, se mantendrán en ese puesto, que nos pertenece por derecho propio, hasta que decidamos ocuparlo nosotros; antes, será imposible.

Un director general debe ser una persona en particular inquieta y ocupada en hacer lo mejor con su vida en busca del mayor bienestar posible para todos los miembros de su empresa. A partir de esta premisa, la declaración contundente con la que quiero invitarte a leer es:

"Conviértete en el grandioso director general de esa vida que, de manera potencial, estás llamado a disfrutar, para que estés, te sientas y seas ¡cada vez mejor!"

Si te decides de una vez por todas a asumir la dirección de tu empresa Yo y aceptas capacitarte para un papel tan importante, lograrás una "cascada de beneficios" que la ampliarán ¡sin límites!

En ese sentido, sabrás:

*a)* Ampliar tu nivel de conciencia: darte cuenta con mayor claridad y objetividad del mundo, de las circunstancias y de las personas.

*b)* Mejorar la calidad de tus pensamientos: si amplías tu nivel de conciencia, aumentará tu capacidad de pensar con mayor profundidad y creatividad.

*c)* Tener una autoestima saludable: un aprecio y respeto correctos y equilibrados de tu persona.

*d)* Conocer al extraordinario equipo que colabora en tu empresa Yo y la mejor manera de darle capacitación y mantenimiento óptimos.

*e)* Lograr mayor capacidad para tomar decisiones importantes con seguridad, firmeza, autonomía y asertividad. Tal capacidad muestra, como ninguna otra, nuestra fortaleza o debilidad interiores, ya que la vida es siempre una elección entre dos o más caminos por seguir y tenemos que decidirnos por alguno: ¿perdono su ofensa o tomo revancha?, ¿acepto su observación o me rebelo contra ella?...

*f)* Mejorar tu liderazgo: tendemos a hacer más caso y seguir a la persona que decide algo con determinación… ¡aunque su decisión sea inadecuada! Cuando hay fuego en un salón cerrado y alguien grita "¡Por aquí está la salida!", casi todos tenderán a seguirlo… aunque no sea verdad que encontró la salida.

*g)* Tener una verdadera actitud empresarial ante la vida y sus retos: adquirir y desarrollar una serie de cualidades que todo director exitoso posee.

*h)* Definir metas de gran valor para "tu empresa" y construirlas poniendo a trabajar tus dos hemisferios cerebrales. Las metas permiten dar dirección a todo lo que hacemos; un director sin metas es como un rifle sin balas: ¡difícilmente cazaremos a la presa a culatazos!

*i)* Valorar y apreciar en un nivel superior a todas las personas con las que interactúas a lo largo del desarrollo de tu empresa Yo. A pesar de que la dirección sólo depende de ti, el logro de resultados superiores es imposible sin la cooperación adecuada y oportuna de los demás.

*j)* Obtener lo que con seguridad más deseas: estar y sentirte cada vez ¡mejor!

El éxito de toda empresa sólo se observa en los resultados consistentes que produce. ¿Cómo podrás evidenciar que "tu empresa" está en un proceso de crecimiento y fortalecimiento?:

*a)* Empezarás a experimentar la maravillosa sensación de estar muy a gusto contigo sin la agobiante carga emocional de la aprobación de los demás.

*b)* Notarás cómo aumentan tu paciencia, comprensión e interés por las personas con quienes más convives.

*c)* Comprenderás que no es posible simpatizar ni quedar bien con todos sin que esto te incomode.

*d)* Verás cómo aflora desde tu interior un genuino interés por cuidar y desarrollar tus capacidades físicas y mentales.

*e)* Te sorprenderás cuando de pronto se te ocurra una idea o una observación geniales para resolver alguna situación que durante años parecía imposible de solucionar.

*f)* Sentirás un gran aumento en tu autoseguridad.

*g)* Dormirás mucho mejor.

*h)* Tu familia y tus amigos se beneficiarán de que muestres un cambio importante en tus actitudes, algo que con seguridad agradecerán.

*i)* Podrás acabar definitivamente con tus deudas y empezar a crear y expandir un patrimonio.

Así que ¡decídete a hacer el maravilloso viaje de autoconocimiento de tus recursos y a aprender cómo sacarles el mayor provecho posible, de modo que quedes facultado para ser el extraordinario director general de la empresa más grandiosa de todas: ¡tu vida! Este proyecto se llama Yo, con la razón social que prefieras: S.A. de C.V., Inc. o S.A. Si puedes dirigir con éxito esta empresa, cualquier otra será para ti "pan comido".

## El genio de los deseos

*Obtener ganancias sin riesgo, experiencia sin peligro y recompensa sin trabajo es tan imposible como vivir sin haber nacido.*

**A.P. Gouthey**

En nuestros primeros años de vida pensábamos con inocencia; atrevámonos a volver a hacerlo. Esta forma de pensar es requisito indispensable para alcanzar una calidad superior en todos los compartimentos de nuestra vida. En capítulos posteriores analizaremos con detalle este tema. Con esto en mente, supón que el Genio de la Lámpara de los Deseos existe y está a tu servicio exclusivo para que le expreses tus más anhelados deseos. ¿Qué le pedirás?...

Antes de continuar con la lectura, por favor ve a la hoja de Deseos Solicitados al Genio de la Lámpara, Parte

1, incluida al final de esta sección; anota ahí tus deseos y así los tendrás disponibles para referencias posteriores. Sigue las instrucciones.

Ahora imagina que tus deseos ya se convirtieron en tus nuevas realidades. ¿Cómo te sientes?

El Genio sigue a tu servicio. Por tanto, una vez cubiertos tus primeros deseos, le pides la realización de otros, que también te concede. ¿Cómo te sientes ahora?

Y una tercera y cuarta y quinta vez vuelven a satisfacerse tus deseos sin haber hecho en ningún momento algún esfuerzo físico o mental por lograrlos, salvo el de expresárselos al Genio de la Lámpara. ¿Son iguales tus sentimientos a los que surgieron al cumplirse tu primer deseo?

Es muy posible que a la materialización de tus primeros deseos expresados al Genio sigan sentimientos de euforia, aquellos que con seguridad disminuirán de intensidad en las subsecuentes manifestaciones físicas de tus nuevos deseos, hasta llegar a generar hartazgo, aburrimiento, pereza y desgano, al grado de perder por completo el interés y gusto por la vida.

¿Por qué es lo más probable que esto sucediera?

Si por años has realizado intensos esfuerzos físicos y mentales para alcanzar algunos deseos y necesidades que no se han satisfecho con suficiencia y consistencia, se ha creado una descompensación en tu vida que clama con urgencia creciente por el restablecimiento de un equilibrio que se daría al satisfacerse esos deseos o necesidades. Si año tras año trabajas duro y ahorras para hacerte de una casa y por diferentes factores quince años después aún no lo logras, ¿acaso no es normal "suplicar" que aparezca el Genio y te ayude de una vez por todas a obtener esa propiedad? ¡Claro! Has invertido mucho esfuerzo y tiempo en ello y "¡ya es justo" verte recompensado! De tal modo, si el Genio "aparece" y te lo concede, ¡bienvenido! Pero ¿qué sucede con los siguientes deseos que le pides y por los cuales no has trabajado? El ver satisfecho un deseo y enseguida otros más sin habernos esforzado por ellos es similar a asistir a un bufet, comer hasta saciarnos y luego participar en otro y en otro. Es muy posible que hayas experimentado alguna vez un empacho alimenticio y sus terribles consecuencias para ti y ¡para los que están cerca de ti!… Si esto ocurre por un empacho alimenticio, ¡imaginemos lo que sucedería con uno existencial!

Para disfrutar y aprovechar un siguiente bufet, debemos esperar el tiempo suficiente para hacer una buena digestión y saber valorar el proceso digestivo. Bien sabía esto san Pablo cuando sentenció a sus seguidores con su célebre frase: "El que no trabaje ¡que no coma!".

¿Es entonces recomendable olvidarte de tan extraordinario Genio? ¡De ninguna manera! Tan sólo exprésale tus más anhelados deseos con la mayor claridad posible y verás que de alguna manera te los concederá, porque el Genio ¡sí existe! Ahora bien, realiza tú el esfuerzo que te corresponde (y a lo largo de este libro aprenderemos de qué tipo de esfuerzo hablamos), porque si se lo dejas todo a él, pronto querrás "matarlo" y tú, enloquecer.

## ¿Cómo volver realidad mis deseos para dirigir mejor mi empresa Yo? Una experiencia personal

Hace varios años pasaba por una dificultad económica importante que me orilló a buscar nuevas actividades profesionales para salir de una crisis que se complicó tanto que mi familia y yo tuvimos que tomar la decisión de cambiar nuestro lugar de residencia. Un amigo me informó que la empresa Franklin Quest (ahora Franklin Covey) empezaba a crecer mucho en México y buscaba personas que pudieran presentar su reconocido programa de capacitación en administración del tiempo. Me comuniqué con ellos y durante varias semanas me insinuaron que era poco probable que me contrataran, pues buscaban a alguien que viviera en la Ciudad de México o en Monterrey –donde no tendrían que pagar viáticos– y en aquel entonces yo residía en León, Guanajuato.

Desde que se me presentó la oportunidad, ocupé mis pensamientos en crear las imágenes mentales más claras e intensas posibles. Para ello aproveché uno de los aprendizajes más valiosos que he obtenido en mi vida, referente a controlar, crear y dirigir nuestras imágenes mentales, en un curso respaldado por la reconocida Asociación Latinoamericana de Desarrollo Humano, llamada Aladeh. A diario y en forma continua trabajaba con mis imágenes. Para enriquecer mi experiencia, decidí hacer varios recortes de los folletos publicitarios de Franklin, los cuales rediseñé con fotografías de mi persona como si yo fuera el orador y los pegué en la parte más visible de la casa, de modo que me sirvieran como efecto disparador para traer siempre presentes las imágenes mías fungiendo como colaborador de dicha empresa. Por supuesto, me ocupaba de mantenerme en contacto telefónico con ellos; asimismo, dedicaba parte de mi tiempo a estudiar por mi cuenta lo más que podía y suponía que me aventajaría cuando se presentara la oportunidad de asistir a una entrevista más formal.

En mi mente grabé un mes en el que ya estaría colaborando como facilitador del programa de administración del tiempo de la empresa y, a pesar de que parecía que no sería posible, el día 4 del mes que fijé en mi mente fui invitado a presentar, de manera oficial, mi primer programa en la ciudad de Monterrey.

Si bien veremos en detalle qué, cómo y con qué hacer que nuestros deseos se vuelvan realidad, como una práctica introductoria te invito a que acudas de nuevo al final de esta sección y completes la parte 2 de la hoja Deseos solicitados al Genio de la Lámpara.

Ese "genio" que tú, yo y todo ser humano poseemos lo tienen particularmente desarrollado los grandes directores de enormes empresas. Gracias a él utilizan y canalizan sus recursos hacia la realización material de sus deseos, sostenidos sobre dos sólidas columnas que analizaremos a continuación.

# Deseos solicitados al Genio de la Lámpara Parte 1

### Instrucciones

Empieza a escribir y fuérzate a no parar de hacerlo por un tiempo mínimo de cinco minutos.

No pongas barreras a tu pensamiento; las más comunes son de tiempo y de dinero. Mientras escribes, no dejes que interfieran con tus deseos.

No confundas deseos con fantasías. Como director general sería perder tu valioso tiempo. Por ejemplo, una fantasía es pedirle que disminuya a la mitad la cantidad de vehículos que circulan en la ciudad donde vives o irte de paseo alrededor del mundo con todos tus amigos por dos años.

Toma con mucha seriedad este trabajo personal; es más profundo de lo que tal vez imagines en este momento y lo necesitarás para el crecimiento de tu empresa Yo.

¡Disfrútalo!

_____

_____

_____

_____

_____

_____

_____

_____

_____

_____

_____

_____

# Parte 2

### Instrucciones

En la parte 1 de este ejercicio describiste un deseo que querrías convertir en realidad en tu vida. Lo hiciste con la mayor claridad y detalle posibles. ¡Felicidades! Por ahí se empieza a asumir de manera adecuada el puesto de director general.

Ahora, como segundo paso, es muy importante que escribas cuáles son las cinco actividades que a partir de ahora estarás dispuesto a llevar a cabo con regularidad para materializar tus deseos. Procura describirlas de manera muy específica... ¡Bienvenido a las actividades clave de la dirección!

## Actividad 1

_____

_____

## Actividad 2

_____

_____

## Actividad 3

_____

_____

## Actividad 4

_____

_____

## Actividad 5

_____

_____

# LAS DOS COLUMNAS

Mientras estemos vivos, tendremos necesidades y deseos por satisfacer. Todos los seres humanos somos así. Lo que nos diferencia son los tipos de deseos, intereses, gustos y necesidades de cada uno según su situación particular. Quienes asumen su puesto como directores son los que convierten tales deseos en realidades tangibles en su vida.

Un gran director general posee dos características fundamentales y universales; son las dos poderosas columnas en las que apoyan todos sus recursos, tangibles e intangibles, para la materialización continua de sus deseos y necesidades:

- La congruencia
- La voluntad

Analicemos cada una con detalle.

## Congruencia

*Los hombres superficiales creen en la suerte. Los hombres profundos creen en la ley de la causa y el efecto.*
**Ralph Waldo Emerson**

## Frustración

Para comprender mejor el concepto de congruencia, quizá convenga comenzar por hablar un poco de la frustración.

A simple vista, parecería lógico que para convertir un deseo en realidad habría primero que invertir un esfuerzo consistente. Sin embargo, muchas personas hacen esfuerzos que rayan en lo heroico y... ¡nada pasa! Lo que consiguen más bien es un lamentable estado de frustración que manifiestan de muchas maneras:

- "¡Tanto trabajo para obtener tan pobres resultados!"
- "¿Para qué me esfuerzo si de todas maneras por mucho que haga no logro mejorar?"
- "¡Váyanse todos a... (acomoda aquí la palabra que consideres más apropiada)! Después de lo que me esfuerzo, me retribuyen tan miserablemente. Por si fuera poco, en mi hogar me recriminan que no lo intento lo suficiente"...
- "Está claro que sólo algunos más favorecidos que yo 'la hacen'."

Si ésta es tu situación actual, te sugiero que tengas mucho cuidado. Si no decides salir pronto de ella, podrá ocasionar un daño de considerable magnitud a "tu empresa".

La frustración es un sentimiento muy peligroso porque sirve como antesala para asumir el papel de víctima en la vida, el más perverso de los que podamos desempeñar los seres humanos. Cuando asumimos el papel de víctima, nos damos permiso de autojustificarnos y autocompadecernos para dejar de esforzarnos por tener una calidad de vida acorde con nuestra dignidad intrínseca. Es un rol terrible que nos atrapa y nos lleva a creer, erróneamente, que los demás tienen que entendernos y aceptar que somos unos "buenos para nada", que no podemos defendernos "del abuso de los demás", que "ya no nos queda nada por hacer" para salir adelante en un mundo de gente mal intencionada que nos ha dejado en una situación lamentable.

Lo más dramático del autoengaño, consecuencia obligada que aparece al ejercer el papel de víctima, es que generamos en los demás una aversión a nuestra persona inversamente proporcional al tamaño de exigencia con la que les expresamos que deberían comprendernos y validarnos en nuestro denigrante papel:

- "Después de todo lo que me he sacrificado por ti, ¿así me tratas?"
- "Lo que pasa es que ya no me quieres."
- "Tú sí puedes hacer ese trabajo. Sin duda tienes todo el talento para ello, en cambio, yo…"
- "Yo hubiera logrado hacerme de un gran patrimonio económico de no haber sido por mi socio, que me transó y me dejó en la bancarrota para el resto de mi vida."
- "¡Qué ingratitud la de mis hijos, dejarme solo o sola en estos momentos!"
- "Siempre abusan de mi tiempo."

¿Puede ser feliz y lograr grandes cosas una persona que mendiga el cariño?

¿O la que chantajea y amenaza para conseguir algo?

¿O la que se siente "menos que" otros?

¿O aquella que suele culpar a los demás por sus limitaciones?

Querido lector o lectora, si te das cuenta de que estás ejerciendo este papel, ¡por favor, sal de él de inmediato! De lo contrario, lo único que lograrás será sentirte cada vez peor contigo mismo y con los demás.

Pero ¿qué es la frustración?, ¿de dónde surge?

Hace muchos años asistí con apatía (sensación típica del rol de víctima) a una conferencia de estrategia de mercado. Mi cuerpo estaba en el auditorio, pero mi mente se "regodeaba" en pensamientos parecidos a los expresados arriba. Saboreaba con perversión las razones que me daba a mí mismo para sentirme un fracasado, como en ese momento sentía que era mi vida (a pesar de tener una familia bella e integrada, salud y trabajo).

En un momento dado de la exposición, el conferenciante alzó el tono de su voz y formuló una pregunta que me sacudió:

—¿Saben cuál es el verdadero significado de la frustración? No me interesa que digan la definición como una información muerta sacada de un diccionario.

Primero reinó un reflexivo silencio en el auditorio y luego empezaron a aflorar algunas vagas respuestas del público:

—No alcanzar nuestros objetivos.

—No tener suficientes recursos para lograr lo que nos piden.

—Que no entiendan nuestros puntos de vista.

—No tener tiempo suficiente para hacer todo lo que debo hacer.

El conferenciante dejó que el auditorio respondiera durante unos minutos hasta que, al volver a reinar un silencio expectante, dijo con énfasis:

—Frustración es sentir en lo más profundo de mi ser un gran enojo conmigo mismo por saber que, aunque puedo lograr una calidad de vida muy superior a la que tengo en la actualidad, me dejo dominar por la pereza, la autojustificación o la búsqueda del menor esfuerzo al ir tras ella.

En el acto sentí como una punzada quemante en mi interior esa frase que quedó grabada en mí por el resto de mi vida.

Apliqué mi "pala mental" (metáfora que explicaremos más adelante) a la definición y pude darme cuenta de su contundente verdad.

Esto es lo que encontré:

- No frustra a nadie reconocer que es imposible saber y hacer de todo con gran habilidad, pero sí frustra a cualquiera no hacer nada de utilidad práctica con lo que sabe.

- No frustra a nadie saber que no posee todas las cualidades humanas que puede haber, pero sí frustra a cualquiera negar sus cualidades reales.

- No frustra a nadie ver que no tiene el cuerpo "perfecto", hablando en términos estéticos, pero sí frustra a cualquiera rechazar y negar la maravillosa obra que es su cuerpo.

- No frustra a nadie saber que hay jefes intransigentes y desconsiderados, pero sí frustra a cualquiera saber que tenía derecho, capacidad y oportunidad para pedir a ese jefe más transigencia y consideración, y no lo hizo.

- No frustra a nadie saber que los niños y los adolescentes tienden a ser inquietos, intempestivos, desidiosos, caprichosos y muy vulnerables, pero sí frustra a cualquiera exigir a un niño o un adolescente que responda con exactitud a nuestras expectativas, cuando en el fondo sabemos bien que eso es imposible…

- No frustra a nadie saber que la mala comunicación es una causa natural de que relaciones importantes se rompan, pero sí frustra a cualquiera saber que podría reconciliarse con una persona importante de su vida y no lo hace.

Te recomiendo que ahora hagas un análisis de lo que significa frustración para ti y cómo puedes librarte de ella en las diversas circunstancias en que surge. Al final de esta sección encontrarás el formato Combatiendo la Frustración para realizar ahí tu análisis.

## De la frustración a la congruencia

Durante años me esforcé sobremanera por obtener una buena calidad de vida para mi familia y para mí: estudios universitarios, empleos, inicio de varios tipos de negocios, incluso salir de nuestra ciudad natal en busca de nuevos y mejores horizontes de desarrollo. Tras quince años de lucha constante, el resultado era, en el momento en que escuchaba a ese expositor, una situación económica limitada, un desarrollo profesional incipiente, discusiones estériles y desgastantes con mi esposa y un continuo mal humor, fruto todo ello de un altísimo grado de frustración.

Ese momento me llevó a conocer y comprender de forma contundente el significado de la palabra *congruencia*.

Cierto, había batallado para lograr cosas mejores, pero nunca me cuestioné si mis esfuerzos eran congruentes para alcanzar mis deseos. La ignorancia me costó años de penurias y limitaciones dolorosas que, como es natural, afectaron también a mi entrañable familia. Pero sólo así comprendí también el significado real de otra frase que había escuchado muchas veces y que hasta entonces me "sonaba bonita", pero no me impactaba con su tremenda veracidad: "Sí, en efecto, es muy cara la educación, pero muchísimo más cara es la ignorancia".

Lograr nuestros más caros deseos o nuestras necesidades más apremiantes no es cosa de magia, ni de suerte. No es privilegio de unos cuantos, ni exige un esfuerzo inadecuado, por intenso que éste sea. Es asunto de ser o no ser congruentes.

Si definimos la congruencia como el perfecto equilibrio entre *lo que pienso, lo que siento, lo que digo* y *lo que hago*, podríamos expresarla de manera gráfica con una línea vertical que atraviesa a una horizontal por su centro formando una cruz simétrica y colocando en cada cuadrante cada uno de los cuatro conceptos de la congruencia (ver la gráfica 1.1).

Pensar y sentir determinan el nivel de disposición interior que tenemos para lograr algo; decir y hacer determinan nuestro grado de disposición exterior para llevar a cabo las acciones necesarias con miras a conseguirlo.

Gráfica 1.1 Qué es la congruencia.

Cuatro cosas impiden la realización de nuestros deseos o la satisfacción de nuestras necesidades:

a) Obtener algo a cambio de ningún esfuerzo.

b) Confundir activismo con esfuerzo enfocado para conseguirlo.

c) No saber con claridad qué se quiere o se debe lograr.

*d)* No verificar lo suficiente que los deseos por lograr o las necesidades por cubrir sean en verdad benéficos para nuestra vida y darnos cuenta de ello demasiado tarde.

De lo anterior podemos concluir que:

*La forma en que podemos mantenernos sintiéndonos cada vez mejor con nosotros mismos es tener deseos y necesidades genuinos y realizar esfuerzos constantes, bien dirigidos y congruentes por materializarlos.*

La congruencia, uno de los invaluables miembros del equipo directivo de nuestra empresa Yo, funge como el medidor preciso del nivel de equilibrio que hay entre nuestros deseos genuinos y los esfuerzos apropiados que llevamos a cabo para convertirlos en realidad.

## Un ejemplo

Supón que uno de tus grandes deseos o necesidades es poder cubrir de manera total y definitiva el monto de la deuda de tu tarjeta de crédito, lo que deseas desde hace más de tres años y parece "imposible" lograr. Si consultas con tu experta del equipo, la congruencia, por qué has fallado en el logro de este importante deseo, sus observaciones podrán ser muy esclarecedoras:

—¿Piensas que quieres acabar con tus deudas de tarjeta de crédito?

—¡Sí!

—¿Sientes que sería lo mejor para ti dejar de tener esa deuda?

—¡Por supuesto que sí!

(Pensar y sentir = equilibrio interno o disposición interior para lo que deseamos.)

Continúa la congruencia:

—Con respecto al uso de tu tarjeta de crédito, en los últimos tres años ¿qué has dicho y qué has hecho con ella para que hoy tengas esa deuda todavía?

(Decir y hacer = equilibrio externo o disposición exterior para dirigir nuestros esfuerzos hacia lo que deseamos.)

—Veo una oferta espectacular y se me ocurre que será difícil que vuelva a presentarse, así que uso mi tarjeta. Estoy aburrido y decido salir a pasear un rato; veo una cafetería con buen ambiente y entro considerando que un café es relativamente barato y que me va a animar, así que uso mi tarjeta. Al pasar por el departamento de electrodomésticos y ver que hay una promoción de pantallas planas con cincuenta por ciento de descuento y hasta dieciocho meses para pagar, se me ocurre que es una muy buena oportunidad para cambiar mi televisor que ya está muy viejo; sé que será una alegre sorpresa para mi familia, así que uso mi tarjeta...

Al término de nuestra junta con la congruencia (que en ningún momento entró en discusiones inútiles, juicios ni críticas), ésta nos entrega un resumen gráfico de lo tratado y se despide ofreciendo con encantadora amabilidad servirnos en el momento en que volvamos a requerirla.

He aquí el resumen gráfico que nos entrega:

Gráfica 1.2 Mi deseo de liquidar la deuda de mi tarjeta de crédito.

Si quiero ser transparente conmigo mismo, esta gráfica me evidencia como alguien que desea en gran medida que mi realidad económica fuera mejor, pero a la hora de llevar a la práctica las acciones correctas, simplemente fantaseo y presento un alto grado de incongruencia exterior.

¿Será valioso contar con la presencia de la congruencia en nuestro equipo y tomar en cuenta sus observaciones? ¡Es fundamental! Nos enfoca de inmediato en áreas de oportunidades que tenemos para salir de muchas de nuestras dificultades.

Podemos hacer cuantas gráficas de congruencia necesitemos para cada una de las necesidades o deseos no cubiertos de nuestra empresa Yo, mismas que nos ayudarán a diagnosticar con mucha precisión y objetividad dónde se encuentran las áreas de oportunidad para trabajar en ellas. (Para un modelo de "Análisis de congruencia en línea horizontal", que es una gráfica alternativa a la de cruz, ver las gráficas 1.3 y 1.4).

La función de la congruencia es detectar dónde están las áreas de oportunidad. La función del director general es, sobre todo, tomar decisiones para determinar hacia dónde dirigir su empresa. Los sabios directores generales que han llevado a muchas organizaciones a niveles de crecimiento impresionantes han sido los que toman las decisiones correctas para la mejora de la empresa que dirigen. Las suyas no son decisiones caprichosas ni tomadas al azar. Por ello, valoran en profundidad la información que recaban y la analizan con los miembros clave de su equipo directivo; en pocos minutos saben cuál es la decisión correcta que deben tomar y la toman sin engaños, sin rodeos, ni excusas, ni postergaciones.

Los ejes vertical y horizontal de la congruencia no son estáticos. Como observamos en la gráfica 1.2, tienen mucha movilidad hacia todos lados y, según el deseo insatisfecho particular, puede ser que la congruencia nos indique en forma gráfica, con el desbalance de las dos líneas, que tal vez estamos haciendo un gran esfuerzo físico por alcanzar algo, pero al analizar nuestros pensamientos y sentimientos, descubrimos que en realidad no lo deseamos.

¿Cómo resolver el problema de la tarjeta? Si asumes tu papel de director y tu deseo o necesidad sincero es acabar con la deuda –lo cual está ampliamente justificado por la salud de la empresa–, de ahora en adelante lo que "digas y hagas" estará alineado con lo que "piensas y sientes" acerca de dicha deuda. De tal forma, aunque haya una oferta de noventa por ciento de descuento y veintiocho meses para pagar, la tarjeta no se usa; aunque estés aburrido y ansioso de un café y ese día haya una promoción al tres por uno, además de la compañía de guapérrimas promotoras, la tarjeta no se usa; a pesar de que la familia es un mar de llantos y penas porque el televisor está muy viejo, ya casi no se ve, da vergüenza que esté tan maltratado y sucio, no tienen más distracción que ver tele, la tarjeta no se usa... Esto hasta que dejan de llegar los temibles estados de cuenta con las terroríficas cifras de deuda que recibías en el pasado y que martirizaban hasta el poco descanso nocturno que podías darte.

Apoyado en el modelo "Análisis de congruencia en línea horizontal", puedes graficar el nivel de congruencia que tenías antes de haber podido liquidar la deuda (ver la gráfica 1.3) y compararlo con el que tuviste que alcanzar para que se lograra la liquidación (ver la gráfica 1.4).

La extraordinaria ventaja que como director general tienes al utilizar este modelo de congruencia, es que de manera instantánea y clarísima puedes detectar dónde hay áreas de oportunidad en las cuales concentrarte dentro de tu empresa Yo para poder tomar las decisiones correctas pertinentes y ¡llevarlas enseguida a la práctica!

Al final de esta sección encontrarás algunos "deseos o necesidades" probables para que puedas practicar el Modelo de congruencia. Asimismo, un "Modelo de congruencia en línea horizontal" al que le puedes sacar las copias que quieras para graficar el grado de congruencia actual de cada uno de tus deseos o necesidades; esto te ayudará a tomar las decisiones más precisas para volverlos realidad.

# Análisis de congruencia en línea horizontal (Primera reunión con la congruencia)

¿Cuál es el deseo o necesidad que debo lograr para la óptima salud de mi empresa Yo?

Descripción del deseo/necesidad:

Liquidar por completo la deuda de mi tarjeta de crédito.

Las preguntas que me hará la congruencia en la reunión, para responder entre el 0 y el 10, donde 0 equivale a "nunca" y 10 a "todo el tiempo", son las siguientes:

1) ¿Qué tan constante es ese deseo o necesidad en mi pensamiento?

2) ¿Con qué intensidad suelo sentir que quiero lograrlo?

3) ¿Es un deseo o necesidad que verbalizo de manera continua?

4) ¿Cuántas de las acciones que habitualmente hago evidencian mi determinación de lograr mi deseo/necesidad?

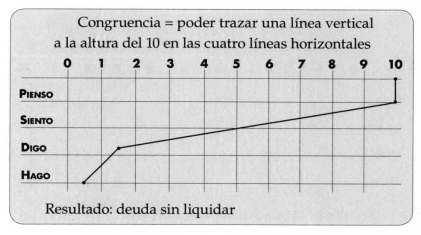

Gráfica 1.3 Deuda de mi tarjeta de crédito.

# Análisis de congruencia en línea horizontal (Segunda reunión con la congruencia)

¿Cuál es el deseo o necesidad que debo lograr para la óptima salud de mi empresa Yo?

Descripción del deseo/necesidad:

Liquidar por completo la deuda de mi tarjeta de crédito.

Las preguntas que me hará la congruencia en la reunión, para responder entre el 0 y el 10, donde 0 equivale a "nunca" y 10 a "todo el tiempo", son las siguientes:

1) ¿Qué tan constante es ese deseo o necesidad en mi pensamiento?

2) ¿Con qué intensidad suelo sentir que quiero lograrlo?

3) ¿Es un deseo o necesidad que digo o verbalizo de manera continua?

4) ¿Cuántas de las acciones que habitualmente hago evidencian mi determinación de lograr mi deseo/necesidad?

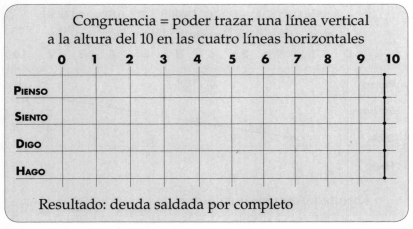

Gráfica 1.4 Deuda saldada de mi tarjeta de crédito.

Veamos otro ejemplo de congruencia:

Trabajo catorce horas al día porque digo que quiero tomar unas maravillosas vacaciones en la playa con mi familia, pero, aun así, el ingreso no es suficiente. Me ofrecen la oportunidad de ocupar un puesto de mayor responsabilidad y compromiso con mucha mejor remuneración, pero que requiere, entre otras cosas, hacer estudios superiores. Entonces lo "pienso un poquito mejor" y "decido" que así como estoy no está mal; total, si no voy a la playa, nadie se va a morir por ello (ver en la gráfica 1.5 en el modelo de congruencia "en cruz" y en la gráfica 1.6 el modelo de "Análisis de congruencia en línea horizontal").

Gráfica 1.5 Mi deseo de llevar a la playa a mi familia.

# Análisis de congruencia en línea horizontal (Primera reunión con la congruencia)

¿Cuál es el deseo o necesidad que debo lograr para la óptima salud de mi empresa Yo?

Descripción del deseo/necesidad:

Llevar a la playa a mi familia.

Las preguntas que me hará la congruencia en la reunión, para responder entre el 0 y el 10, donde 0 equivale a "nunca" y 10 a "todo el tiempo", son las siguientes:

1) ¿Qué tan constante es ese deseo o necesidad en mi pensamiento?

2) ¿Con qué intensidad suelo sentir que quiero lograrlo?

3) ¿Es un deseo o necesidad que digo o verbalizo de manera continua?

4) ¿Cuántas de las acciones que habitualmente hago evidencian mi determinación de lograr mi deseo/necesidad?

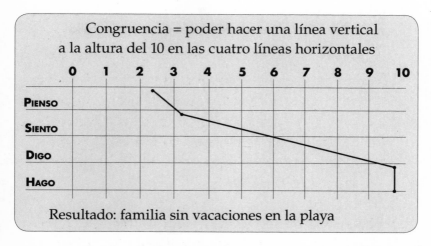

Gráfica 1.6 El dilema de las vacaciones fallidas.

¿Qué cambios debería realizar para que la cruz de la congruencia fuera perfectamente simétrica, o bien, que quedara una línea vertical a la altura del 10 en las cuatro líneas horizontales del modelo Análisis de congruencia en línea horizontal, lo que significaría que, en efecto, estoy de paseo en la playa con mi familia?

a) *Pienso*: reflexiono un poco y me doy cuenta de que los estudios que debo llevar a cabo ampliarán de manera relevante mi nivel de conciencia. Por tanto, acepto el reto de introducirme en los estudios superiores, aprovechando la oportunidad y facilidades que la empresa me ofrece para poder llevarlos a cabo.

b) *Siento*: mi ser interior se siente estimulado y ansioso por llevar a cabo esos estudios nuevos y desafiantes; intuye que serán muy positivos para mi futuro profesional y económico. Me siento muy emocionado.

c) *Digo*: verbalizo a la persona que me ha brindado la oportunidad mi deseo de aceptar el nuevo puesto, asumiendo la responsabilidad por los estudios que debo cursar. Con mi familia y amigos no ceso de hablar y solicitar consejería y apoyo al respecto.

d) *Hago*: me ocupo de las acciones específicas que debo llevar a cabo, una por una, para cursar los estudios y para iniciarme en el nuevo puesto. No me detengo en ellas hasta que, con el paso del tiempo, poco a poco domino con amplitud los retos de mi nueva posición.

De llevar a cabo con consistencia lo anterior, ¿cómo quedará la cruz de congruencia o cómo me irá en mi segunda reunión con la congruencia?

En las gráficas 1.7 y 1.8 se muestran los resultados.

Gráfica 1.7 El dilema de las vacaciones. Familia en la playa.

Analiza ahora el siguiente formato de Análisis de congruencia en línea horizontal.

# Ejercicios de práctica de congruencia

Apóyate en el modelo Análisis de congruencia en línea horizontal para trabajar los siguientes enunciados (puedes cambiarlos por otros si algunos de ellos no se aplican en tu vida).

"Amo a mi pareja"

a) ¿Qué tan constante es esto en mi pensamiento?

b) ¿Con qué intensidad suelo sentirlo?

c) ¿Se lo digo con frecuencia?

d) ¿Cuántas de mis acciones habituales evidencian mi amor por él o ella?

"Quiero ir a vivir a otra ciudad"

a) ¿Qué tan constante es esto en mi pensamiento?

b) ¿Con qué intensidad suelo sentirlo?

c) ¿Lo digo (lo afirmo verbalmente) con frecuencia?

d) ¿Cuántas de mis acciones habituales evidencian mi determinación a hacer el cambio?

"Quiero poner un negocio por mi cuenta"

a) ¿Qué tan constante es esto en mi pensamiento?

b) ¿Con qué intensidad suelo sentirlo?

c) ¿Lo digo (lo afirmo verbalmente) con frecuencia?

d) ¿Cuántas de mis acciones habituales evidencian mi determinación a poner un negocio por mi cuenta?

# Análisis de congruencia en línea horizontal (Formato para las reuniones con la congruencia, primera reunión)

¿Cuál es el deseo o necesidad que debo lograr para la óptima salud de mi empresa Yo?

**Descripción del deseo/necesidad:**

Las cuatro preguntas que me hará la congruencia en la reunión, para responder entre el 0 y el 10, donde 0 equivale a "nunca" y 10, a "todo el tiempo", son las siguientes:

1) ¿Qué tan constante es ese deseo o necesidad en mi pensamiento?

2) ¿Con qué intensidad suelo sentir que quiero lograrlo?

3) ¿Es un deseo o necesidad que digo o verbalizo de manera continua?

4) ¿Cuántas de las acciones que habitualmente hago evidencian mi determinación de lograr mi deseo/necesidad?

Congruencia = poder hacer una línea vertical a la altura del 10 en las cuatro líneas horizontales

| | 0 | 1 | 2 | 3 | 4 | 5 | 6 | 7 | 8 | 9 | 10 |
|---|---|---|---|---|---|---|---|---|---|---|---|
| **PIENSO** | | | | | | | | | | | |
| **SIENTO** | | | | | | | | | | | |
| **DIGO** | | | | | | | | | | | |
| **HAGO** | | | | | | | | | | | |

Resultado:

# Análisis de congruencia en línea horizontal (Formato para las reuniones con la congruencia, segunda reunión)

¿Cuál es el deseo o necesidad que debo lograr para la óptima salud de mi empresa Yo?

Descripción del deseo/necesidad:

Las cuatro preguntas que me hará la congruencia en la reunión, para responder entre el 0 y el 10, donde 0 equivale a "nunca" y 10, a "todo el tiempo", son las siguientes:

1) ¿Qué tan constante es ese deseo o necesidad en mi pensamiento?
2) ¿Con qué intensidad suelo sentir que quiero lograrlo?
3) ¿Es un deseo o necesidad que digo o verbalizo de manera continua?
4) ¿Cuántas de las acciones que habitualmente hago evidencian mi determinación de lograr mi deseo/necesidad?

Congruencia = poder hacer una línea vertical a la altura del 10 en las cuatro líneas horizontales

| | 0 | 1 | 2 | 3 | 4 | 5 | 6 | 7 | 8 | 9 | 10 |
|---|---|---|---|---|---|---|---|---|---|---|---|
| PIENSO | | | | | | | | | | | |
| SIENTO | | | | | | | | | | | |
| DIGO | | | | | | | | | | | |
| HAGO | | | | | | | | | | | |

Resultado:

# Voluntad

*Elección de una cosa sin precepto o impulso externo que a ello obligue.*

**Diccionario Espasa Calpe**

¿Cómo puede andar un automóvil, por muy sofisticado y aerodinámico que sea, sin combustible?

¿Cómo puede la computadora más avanzada en el aspecto tecnológico realizar sus funciones sin una fuente alimentadora de energía?

¿Cómo puede una fuente lanzar sus potentes chorros de agua sin un motor que la impulse?

¿Cómo puede una persona alcanzar sus deseos sin la suficiente fuerza de voluntad para ello?

Todo en esta vida está en movimiento. Todo movimiento ocurre por una energía. Si el movimiento que provoca la energía se enfoca a un resultado, éste se dará. En tu empresa Yo, la energía que la pone en funcionamiento es la voluntad y el movimiento enfocado es la congruencia.

Los seres humanos tenemos dos formas de utilizar nuestra energía. La primera es no canalizarla a conseguir fin específico alguno (los deseos expresados a nuestro "Genio") y a quien la desperdicia así tendemos a catalogarlo como "perezoso" o "falto de voluntad"... aunque a menudo le llamamos con otros adjetivos un tanto más altisonantes (y si en este momento sonríes, confirmas la veracidad de la observación). La segunda, por el contrario, consiste en canalizarla hacia la materialización de nuestros deseos. Es de esta segunda forma como emplean su energía los directores destacados, aunque poniendo mucho cuidado en verificar que sus deseos bien definidos impliquen un beneficio a largo plazo en su vida. Y es que en ocasiones podemos tener deseos definidos con claridad, pero ir tras ellos puede significar la quiebra inminente de nuestra empresa Yo. De esto hablaremos con mayor detalle después de hacer observaciones acerca del mal manejo de nuestra voluntad.

No deberíamos tomar tan a la ligera este asunto de la voluntad/energía. Creo que pocos se dan cuenta de las peligrosas consecuencias de no canalizarla de manera adecuada. Decíamos que la energía es la que da vida a las cosas, pero mal encauzada las destruye. (La ciencia lo expresa como transformación: "Nada se destruye, todo se transforma". Pero para efectos de nuestro rol de directores generales de nuestra empresa Yo, la transformación equivale a destrucción). Pensemos, por ejemplo, en la luz eléctrica de nuestros hogares que obtenemos gracias a la canalización de la energía ("fuerza de la naturaleza") producida por las grandes termoeléctricas y que nos llega a través de una serie de subestaciones y aparatos especiales de control y medición. Es extraordinariamente benéfica cuando llega bien regulada, pero ¿qué sucede cuando hay un cortocircuito?: nuestra casa se incendia y perdemos todo, a veces, ¡hasta la vida! ¿La causa? Una energía fuera de control.

Si nuestra voluntad apunta a la ley del "menor esfuerzo", la energía nos producirá un cortocircuito que "derretirá" nuestras facultades mentales y físicas. Esto lo observamos en alguien que dirige la mayor parte de su energía, por ejemplo, a un televisor, un *chat* o un "antro". ¿Conoces a alguien que esté en ese caso y que puedas contar con él para realizar actividades que requieren mucha vitalidad? ¿Qué resultados obtienes cuando le pides cooperación? Pero ¿qué tal si se tratara de salir temprano del trabajo para ir a bailar, o "de pinta" de la escuela para jugar al billar o a las cartas, o de ver cuatro videos de tres horas de duración cada uno y no precisamente películas de alto contenido intelectual... ¿Quién es el "primero en la fila" para esas actividades? Y claro, para ellas se necesitan botanas (¿y cuáles escoge, verduras frescas?), bebidas (¿y opta por la "agüita" de limón?) y ambiente (¿y elige aire fresco libre de humo?).

¿Verdad que es casi imposible conseguir su voluntaria cooperación para algo realmente útil? Cuando mucho, si tenemos alguna autoridad sobre esa persona, con esfuerzos exagerados similares a los de sostener en pie a alguien que se cae si no lo cargamos, con base en regaños y amenazas logramos que haga apenas lo mínimo indispensable para que la dejemos en "paz" y en cuanto nos alejamos de su presencia, en el acto se desploma con esta actitud:

- "En mi trabajo haré lo mínimo indispensable para que no me corran".
- "En mi casa haré lo mínimo indispensable para que no me recriminen que no hago nada".
- "En mi deber ciudadano haré lo mínimo indispensable, que es ir a votar cada seis años, para que nadie diga que no cumplo".
- "En mi culto religioso haré lo mínimo que la Ley Divina exige para que me acepten en el Paraíso o para que no vaya a reencarnar en burro".

Sería una incongruencia que esa persona actuara de otra manera si su ser padece un cortocircuito crónico.

¡No es exageración decir que si no canalizamos nuestra voluntad de modo adecuado, podríamos termi-

nar muertos! y la razón es que la energía de la que go-
zamos las personas es enorme. No existe tal cosa como
"no tengo energía"; ¡todos la tenemos!, lo que sucede es
que perdimos su control.

Recuerdo haber pasado un periodo largo y difícil en
cuanto a comunicación con uno de mis hijos. La relación
se deterioró mucho. La razón principal de esta situación
fue que él quería que se cumplieran sus grandes deseos,
pero a cambio de escasos esfuerzos, físicos y mentales. En
su idea de que las cosas no necesariamente se consiguen
mediante esfuerzos proporcionales y bien canalizados,
llegó a separarse del hogar paterno para hacer "su voluntad" sin sentirse amenazado o controlado por mí en
mi papel de padre.

Una norma fundamental que decidí aplicar en la educación de mis hijos fue que todos en el hogar debíamos
respetar ciertos principios y reglas de conducta para preservar la salud y la armonía familiares; era mi obligación
paterna vigilar que se cumplieran y hacerles notar de
inmediato si algo no iba por ese camino. Me sentía aún
más comprometido a ello por haber fallecido mi esposa justo cuando nuestros cuatro hijos varones dejaban
de ser niños y empezaban su etapa de adolescentes, así
como porque mi trabajo implicaba que me alejara con
cierta frecuencia de casa. Sin embargo, si alguno de ellos
no estaba de acuerdo con dichos principios y reglas (por
ejemplo, ser ordenados en sus cosas y bien aseados en
sus personas, dispuestos a cooperar en todo lo que hiciera falta en el hogar, estudiosos, dispuestos a convivir y
dialogar, hermanos incondicionales, etcétera), tenía todo
el derecho y la libertad de salir de casa y en la calle hacer
lo que decidiera hacer sin yo intervenir para nada en su
vida. Eso fue lo que mi hijo decidió llevar a cabo, muy
cansado ya de mis observaciones y exigencias. No te

puedo expresar, amable lector o lectora, la profundidad del dolor y preocupación que padecí durante meses con la partida de mi hijo en esas condiciones, pero entendí que era una dura prueba que la vida nos ponía a ambos: a mí, de constatar que era verdad que no iría tras él a devolverlo al hogar a pesar de conocer los inminentes riesgos que su vida corría, y a mi hijo, de verificar si las ideas a las que se aferraba con tanta insistencia funcionaban. Ahora sólo el tiempo y las consecuencias de nuestras decisiones podrán confirmarnos si el camino que elegimos fue el más conveniente.

Para él, un muchacho con envidiable cantidad de voluntad/energía, asistir a diario a la escuela, tomar apuntes de las diferentes materias, aceptar la autoridad de los maestros, hacer tareas y trabajos con esmero, etcétera, no eran actividades ni actitudes a las que dirigía su poderosa voluntad. Más bien, la orientaba sobre todo a lograr una alta sociabilización con amistades amantes de la vida "antrológica". La fuerza de voluntad que ponía para lograr este deseo fundamental arrasaba con cualquier obstáculo que se le pusiera enfrente: papá, maestros, horarios escolares, entre otros, quedaban hechos a un lado con tal de conseguir sus deseos.

Otro de mis hijos siguió durante algunos años un camino similar de acuerdo con su férrea voluntad que, con el paso del tiempo, cambió el rumbo de su vida. Al llegar a un punto en que su situación le pareció –me atrevo a pensar– desesperada, tomó la decisión de redirigir su energía hacia actividades que le exigían más preparación, compromiso social, disciplina, rendición de cuentas a una autoridad, cuidado en el manejo del recurso económico y otros aspectos. Mientras su voluntad era contraria a ocuparse de esta manera, nuestra relación era insostenible. Estábamos distanciados en lo físico, lo anímico y lo psicológico (aunque nunca dejamos de querernos). Era imposible para ambos llevar una relación sana.

Al reenfocar su voluntad, el cambio positivo de conductas y actitudes de mi hijo fue enorme. Hasta su tono de voz evidenciaba que "había vuelto a sentirse vivo y útil". Ahora trabaja con intensidad todos los días. Se siente feliz de acostarse cansado por el esfuerzo, está más consciente de que aceptar de buena gana la responsabilidad para lograr cosas que trascienden en la vida es un privilegio y una bendición que, lejos de esclavizarlo o martirizarlo, le dan una salud y una frescura extraordinarias. Y, aunque quedamos distanciados en lo físico por nuestros lugares de residencia, en lo anímico y lo psicológico nuestra relación papá-hijo e hijo-papá se ha estrechado con intensidad.

## Algo para recordar

- La congruencia no puede hacer nada si no la impulsa la voluntad.
- La congruencia se presenta cuando el pensar, sentir, decir y hacer están en equilibrio.
- Aunque hagamos esfuerzos, por muchos que sean y con la mejor de las voluntades, si no se dirigen a deseos o necesidades definidos, se producirán resultados a veces frustrantes, a veces ligeros.
- El resultado de una vida congruente es la materialización continua de deseos y necesidades definidos.
- Estar y sentirse cada vez mejor es fruto de la continua materialización de nuestros deseos o necesidades.

- El director general de la empresa Yo saca el mayor provecho a la fuerza de voluntad que posee al canalizarla de manera simultánea hacia las dos grandes divisiones de su empresa para ponerlas en movimiento constante y certero: su mente y sus acciones.

- La voluntad le permite abrir su mente y mantenerla atenta para recibir conocimientos, sugerencias e ideas que no había contemplado.

- Si reconoce que los conocimientos e ideas adquiridos tienen validez práctica, la voluntad lo predispone para llevarlos a la práctica mediante sus acciones.

- Este proceso, que es continuo, es el que le permite estar y sentirse ¡cada vez mejor! y, a la vez, el que expande su empresa a niveles más y más amplios.

## A manera de conclusión

Concluyo mi experiencia con mis hijos en relación con la energía/voluntad compartiendo contigo, querido lector o lectora, un importante aprendizaje que me dejó:

- Dos fuerzas de voluntad (energías) con deseos antagónicos terminarán, tarde o temprano, por destruir su relación. Cuanto más tarde sea, más devastada quedará ¡y no importa que se trate de la relación con nuestros hijos!, aunque jamás dejemos de quererlos.

- Por el contrario, dos fuerzas de voluntad con deseos afines terminarán estrechándose a tan alto grado que será difícil que alguien o algo externo a ellos pueda separarlas.

Considerando que la materialización de tus deseos implicará una gran fuerza de voluntad, te invito a hacer unos cuantos entrenamientos sencillos para poder encauzar de manera adecuada tu energía una vez que te decidas a aplicarte para convertirlos en realidad. Los encontrarás a continuación.

# Ejercicios de entrenamiento para encauzar la voluntad

- En los próximos siete días proponte expresar a dos personas cada día cuál es un deseo en tu vida que estás decidido a volver realidad.

- En los próximos siete días proponte pedirle a una persona cada día consejos acerca de qué y cómo haría ella para lograr el deseo que tienes en mente (toma notas).

- Durante los próximos siete días disciplínate para levantarte diez minutos más temprano, tomar cinco de ellos para ponerte ropa deportiva y los otros cinco para salir a la calle a caminar con vigor, sosteniendo en tu mente durante ese tiempo imágenes mentales acordes con tu deseo.

- Durante los próximos siete días disciplínate para sentarte en tu cama por tres minutos justo antes de dormir y, con los ojos cerrados, sostener más imágenes mentales de tu deseo.

*Comentario: si te decides a mantener así de encauzada tu energía, verás cómo después de este lapso de siete días te será mucho más fácil seguir por este camino y cada día, casi sin darte cuenta, pensamientos y acciones alineados con tus deseos ocuparán más de tu tiempo.*

# LA PALA MENTAL

*¿Crisis? De acuerdo, pero ¿cuántos "peros" le pones a la solución?*

**G. G.**

## ¿Para qué se crean las empresas?

Cada vez que veo a una empresa o una gran industria no puedo evitar quedarme asombrado de su tamaño, de su estructura, de su diseño y más me admira aun imaginar todo este conjunto de elementos complejos en un movimiento continuo y bien organizado.

Gracias a mi ocupación, he tenido oportunidad de conocer algunas plantas industriales en diferentes ramos: alimenticio, refresquero, cervecero, automotriz, acerero, de la construcción, de alta tecnología, agrícola, ganadero, ferroviario y textil.

Las personas que amablemente me acompañan a hacer los recorridos de sus plantas con seguridad piensan que carezco de recursos verbales, pues las tres únicas exclamaciones que afloran de mi interior a cada momento son: "¡Increíble!, ¡Qué bárbaro!, ¡Impresionante!".

También las empresas financieras y de servicios son impactantes, aunque no tan vistosas como las industrias. Impresiona, por ejemplo, al entrar a una casa de bolsa ver una fila interminable de computadoras y pantallas en todos los muros que muestran gráficas y estadísticas en continuo movimiento, decenas de especialistas sentados frente a esos aparatos envueltos en una atmósfera silenciosa, tranquila en apariencia, como si jugaran a apretar teclas de su máquina. Pero lo que en realidad sucede es que cada vez que oprimen el teclado se transfieren miles o hasta millones de pesos de un "bolsillo" a otro en ¡segundos!

Al establecer una comparación con estas colosales industrias o empresas de servicio que ocupan a cientos y con frecuencia a miles de personas para su operación, uno cae en la tentación de verse y sentirse empequeñecido ante ellas.

Otro tipo de "empresas" también nos asombran, admiran y hacen reconocer a quienes las han llevado a niveles muy superiores de éxito:

- Un artista que crea una obra de arte aceptada como tal en forma universal.
- Un misionero que convierte a cientos o miles de almas.
- Una madre que educa a sus hijos de tal forma que se convierten en grandes benefactores de la sociedad o padres de familia ejemplares.
- Un huérfano que llega a ser un gran profesional.
- Una persona enferma o con discapacidad que compone una hermosa obra musical o que con actitud positiva se ocupa de atender quejas de clientes de algún establecimiento.

Una empresa bien establecida que hace las cosas correctas, bien y en el momento adecuado, como consecuencia natural crecerá más y más. Lo mismo sucede con nuestra vida. No creo que exista un solo ser humano que no quiera llegar a hacer "más y mejor" en cualquier ámbito de su existencia:

- Un industrial siempre busca una mayor penetración de mercado con sus productos.

- Un artista busca hacer más obras de arte, pero con la intención de que cada una sea mejor que la anterior.

- Una persona que gana dos mil pesos querrá ganar tres mil y luego siete mil.

- Un santo querrá vivir más tiempo para intentar "convertir" a un mayor número de almas.

- Un boxeador que gana a un contrincante querrá que vencer al siguiente represente un mayor reto.

- Una madre amante de sus hijos deseará verlos cada vez más exitosos.

Pero estos diferentes tipos de crecimiento no surgen en forma espontánea.

Pasando del asombro a la reflexión, podemos descubrir tres verdades fundamentales comunes a todas las "empresas" sobresalientes, las que no sólo "quieren" destacar, sino también se esmeran en conseguirlo:

a) Todas se iniciaron por un deseo o una necesidad identificados con claridad.

b) Todas comenzaron desde "cero" y fueron creciendo: "1, 2, 3, 4, 5, 6, 7, 10, 13, 17, 14, 15, 19, 27, 35, 23, 24, 29, 38, 64, 78, 70, 93, 143, 185, 149, 142, 140, 212..." en el proceso de materialización de los deseos de sus directores generales.

c) Sus directores generales lo hicieron posible al asumir por completo su rol dentro de su empresa Yo.

¿Cuán dispuestos estamos cada uno de nosotros a asumir esas tres verdades? ¿Qué tanto lo estamos a reconocer que tenemos todos los recursos necesarios para hacer una grandiosa empresa de nuestra vida y que lo que se necesita es desarrollarlos? Más adelante analizaremos cada uno de los recursos que tenemos y cómo dirigirlos.

Si observamos con atención la forma en que tiende a comportarse un gran número de personas, encontraremos que muchas de ellas parecen vivir, preocuparse y aferrarse a cosas y actividades que no aportan verdadero bienestar y progreso a su vida. Cosas y actividades que, si se percataran, descubrirían que sólo entorpecen la consecución de sus deseos profundos y que de inmediato desecharían para ocuparse de las oportunidades reales y grandiosas que tienen a su alcance para lograrlos con ¡niveles insospechados de bienestar y desarrollo!

Pero ¿se dan cuenta? Peor aún, ¿se quieren dar cuenta? Al parecer, muchísimos dolorosamente ¡no se quieren dar cuenta! y en ese punto preciso es donde se vive la verdadera tragedia humana, la verdadera miseria de la persona, la que lleva a que su empresa "quiebre". Tal vez sea un disparate lo que supongo, pero cada día me convenzo más de que los problemas de la economía personal, doméstica, nacional e internacional, del subdesarrollo, del desorden político, de las disfunciones familiares, del desastre ambiental y otros, son originados por las personas que ¡no se quieren dar cuenta! de que consumen gran parte de su energía/voluntad, tanto en el pensar como en el actuar, en asuntos triviales, irrelevantes y muy perjudiciales para su empresa Yo.

¿Cuándo y cómo se origina este grave descuido?

El inicio de la respuesta es la sentencia socrática "Conócete a ti mismo", que muchos toman a la ligera, porque cuanto más conocemos algo, lo comprendemos mucho mejor y si esto sucede, podemos relacionarnos con ese algo (¡o alguien!) de una manera mucho más atinada y saludable:

- Si conocemos con amplitud las funciones de una computadora, podremos ahorrarnos horas de trabajo manual y habrá menos probabilidades de que cometamos errores.

- Si conocemos con amplitud los reglamentos de tránsito de una ciudad, disminuiremos de modo considerable la probabilidad de cometer infracciones costosas.

- Si conocemos con amplitud nuestro lenguaje, podremos expresarnos con mayor claridad y, por tanto, ser comprendidos con mayor facilidad por los demás en nuestros deseos o necesidades.

- Si conocemos los periódicos vaivenes de las economías, podremos hacer abultados capitales en las bolsas de valores.

- *Si nos conociéramos mejor a nosotros mismos, nuestra vida sería inmensamente más feliz, productiva y trascendente.*

Ahora bien, ¿cuánto nos queremos conocer a nosotros mismos? Más allá de un aspecto filosófico, en lo práctico ¿cuánto sabemos de los recursos con los que fuimos dotados para poder vivir una existencia de constante superación y mejora? ¿Nos importa cuidarlos y desarrollarlos?

Consecuencia de la ignorancia y/o de la pereza en el conocimiento y manejo de nuestros recursos es el surgimiento de los problemas que nos tienen atenazados con limitaciones materiales, relaciones pobres con nuestros semejantes, temores infundados, autoestima empequeñecida, comportamientos ilógicamente agresivos (como cuando alguien con el claxon le dedica un ruidoso saludo a la madre del de adelante porque tardó más de medio segundo en arrancar su coche al ponerse en verde el semáforo; o agrede de manera verbal o física a su hijo porque no sacó las calificaciones que se esperaba que sacara) o inadecuadamente pasivos (como no expresar que hay abuso de confianza cuando le asignan el trabajo que le corresponde hacer a otros; o cuando un hijo exhibe conductas muy desordenadas y la mamá pide ayuda a su esposo para que ponga orden pero éste se hace el desentendido), que a su vez provocan un medio ambiente violento, inseguro y turbio. Todo esto pone a nuestra empresa Yo a punto de la quiebra, ¡y no tendría por qué ser así!

Cuando los hijos irresponsables heredan los negocios de sus padres, lo único que saben hacer es llevarlos a la bancarrota y ¡es lógico! Para manejar una empresa hay que estar bien preparado, conocerla en sus fortalezas y debilidades y asumir el control con total responsabilidad. Si nada más llega a nuestras manos como "un regalo inesperado caído del cielo", lo más probable será que el regalo se convertirá en una pesadilla, si no estamos listos para recibirlo.

Por desgracia, parece que muchas personas heredaron "su vida" sin la debida preparación para dirigirla de manera saludable y lo único que saben hacer, como los herederos irresponsables, es llevarla a la quiebra.

El punto de partida para un camino interminable que representa estar y sentirnos cada vez mejor con nosotros mismos y con nuestros semejantes consiste en querer darnos cuenta con sinceridad de si nuestra empresa Yo progresa, si mejora de modo sustancial y armonioso, o bien, si está estancada o, peor aún, si va en retroceso. Querer darnos cuenta, sin engaños ni evasivas, del dolor que produce una vida estancada o fracasada (similar a una empresa cuyas ventas no suben o van en picada y de la que depende el sustento de muchas familias). Y la única manera de percibir a cabalidad el estado de nuestra "empresa" es mediante el autocuestionamiento: hacer una pausa en la acelerada velocidad que le hemos impuesto a nuestra vida y verificar si el rumbo que toma es sano o si se encamina hacia la bancarrota. De ahí parte toda mejora potencial.

Autocuestionarse, más que un asunto de semántica, es una auténtica "herramienta" que hace las veces de pala mental. Con ésta escarbarás toda la hojarasca y el cascajo de tu mente para dejar al descubierto cuál es, con exactitud, el estado actual en el que se encuentra tu empresa Yo.

¿Cuál es la consecuencia natural cuando algo queda por completo al descubierto para alguien? ¡Lo comprende! Y cuando lo comprende deja de autoengañarse; además, muy probablemente hará que también los demás dejen de intentar engañarle haciéndole creer lo que no es.

Por ejemplo, si durante años me he quedado sentado con los pies encogidos pidiendo limosna y lamentándome de que no me puedo mover y alguien "sin consideración" me quita la sábana, me jala los pies, inclina mi cabeza para verlos y me empuja para ponerlos en movimiento… sería estúpido de mi parte seguir pidiendo limosna por esa causa.

Aplicarse la "pala mental" es armarse de valor para hacerse las preguntas correctas y tener la disposición interior de escuchar las respuestas correctas que surgirán de nuestro interior. Si algo cuida con interés particular un director general es asegurarse de recibir de modo continuo la información más fidedigna que se pueda del estado de su empresa; sabe bien que recibir datos superficiales o falsos lo llevaría en poco tiempo a la quiebra. Asistir a grandes conferencias, ser el orador especial de un magno evento, salir en primera plana de los periódicos, dar autógrafos, ser aplaudido y hasta dar consejos podrán ser sucesos gratificantes para su "ego", pero ninguno de ellos le muestra la situación real de su empresa. Ésta sólo podrán mostrársela los miembros de su equipo de mayor confianza, a quienes siempre les exigirá que se la expresen con toda claridad y sin rodeos; así podrá tomar decisiones correctas que luego ejecutará con congruencia, que evitarán la quiebra y favorecerán el crecimiento sostenido. Y los integrantes de su equipo en quienes mayor confianza puede tener son los que sin engaños ni rodeos le transmiten la realidad: ¡esa actitud es la que demuestra el verdadero respeto que merece un director! Si su equipo con mucha cortesía y "educación" le informa cosas superficiales o parciales o suele adularlo, lo que hace es tratar al director con un ¡respetuoso engaño!

Si bien la pala mental es, junto con la congruencia y la voluntad, otro de los miembros del equipo indispensables para apalancar la empresa hacia niveles muy superiores de desarrollo, el director general requiere carácter para aplicarla.

La pala mental, que se utiliza por medio del autocuestionamiento, "escarbará" en mayor profundidad en la mente del director hasta llegar a descubrir con toda claridad cuál es la verdadera situación de su empresa Yo.

## Superficial contra profundo

Podemos aparentar que nuestra empresa va muy bien o verificar que, en efecto, así es.

Es bastante común escuchar la interrogante: "¿Por qué me pasa esto a mí?" o "¿Qué es lo que me ocurre?". Sin embargo, la forma de expresarlo suena como una exclamación más que como una predisposición a utilizar nuestra valiosa herramienta: la pala mental. El problema es que una exclamación cierra herméticamente la posibilidad a la reflexión o, por decirlo en forma metafórica, pone una gruesa capa de concreto impenetrable a nuestra mente que impide cavar con la pala del cuestionamiento y descubrir con exactitud por qué nos pasa lo que nos pasa. Si lo dejamos como simple exclamación, manifestaremos que en realidad no queremos saber por qué nos sucede. Ahora bien, si aplicamos la pala a este análisis hasta llegar al fondo, lo más probable será que descubramos que no queremos saber lo que nos pasa. La razón es muy simple: no deseamos *cambiar* nuestra manera habitual de comportarnos porque ello implicaría una incomodidad y un esfuerzo que no estamos dispuestos a llevar a cabo: entre el precio que debemos pagar por mejorar y el de seguir como estamos, elegimos este último y compensar lo que quisiéramos que fuera diferente (lo que nos hace exclamar como víctima "¿Por qué me pasa esto a mí?") con una fantasía llamada queja.

La queja no es otra cosa sino un terrible autoengaño, pues nos da la esperanza y el consuelo falsos de que con sólo externarla se corregirán las cosas que nos molestan o cambiarán las actitudes que nos disgustan de los demás. No obstante, la realidad muestra que, cuanto más nos quejamos, las cosas empeoran y las personas se ponen más desagradables. Esto literalmente nos succiona en una espiral descendente hasta quedar convertidos en "empresas" muy contaminantes del medio ambiente social, pues lo único que terminamos por producir es pesimismo, descontento, mal humor, agresividad, pasividad, conformismo, servilismo, sumisión y violencia verbal y física.

Si aceptamos lo anterior como veraz, podríamos también aceptar que tendemos a autosecuestrar nuestras casi ilimitadas oportunidades de desarrollo, superación y trascendencia (y olvidamos que todo ser humano está llamado a la trascendencia, que significa desarrollar al máximo posible nuestras capacidades y facultades para poder brindar un trato y servicio mayores y mejores, tanto a nosotros mismos como a los demás. Renunciar a esto o dejar de reconocerlo significa renunciar a nuestra esencia humana). Tales comportamientos y actitudes son la antítesis de los directores generales que han creado las empresas de mayor trascendencia.

Kierkegaard, profundo y brillante pensador del siglo XIX, expresó: "Todo hombre que deja de cuestionarse deja de ser hombre". Cuando una persona cesa de cuestionarse muchos de los porqués y de los cómos de su propia existencia y de la vida en general, lo que debería hacer y dejar de hacer para mejorar, pierde poco a poco la conciencia de su grandeza intrínseca y potencial ilimitado de desarrollo, así como de su compromiso natural de participar con positivismo en la sociedad en la que vive; se sume en la mera sobrevivencia y no en una vida de trascendencia, como su naturaleza misma le demanda. Vive con gran superficialidad y, por tanto, entra en un estado continuo de alta volatilidad en su conducta que hace que "los miembros de su empresa" trabajen todo el tiempo confundidos: si el día es agradable y todos le sonríen y "aplauden", será el director de mejor humor de todos, pero ¡cuidado con que alguien lo contradiga o haya sido un mes de malos resultados para su empresa, porque, de ser así, su buen humor se transforma en un volcán de agresiones y órdenes incongruentes para todos!

En cambio, si tomamos las frases anteriores, "¿Por qué me pasa esto a mí?" o "¿Qué es lo que me ocurre?"

como verdaderos cuestionamientos y no como simples exclamaciones, habremos elegido tomar la pala para escarbar en nuestra mente hasta dar con las causas de lo que nos sucede y entonces poder erradicar las conductas erróneas detectadas que impedían el buen desarrollo de la empresa. Esto se asemeja a una intervención quirúrgica en la que el cirujano quita las capas de tejido que cubren un tumor y sólo hasta que logra descubrirlo por completo, puede hacer los cortes precisos para extirparlo sin dañar ningún otro tejido u órgano.

## Un ejemplo personal

Años atrás padecía de mucha soledad debido a mi "analfabetismo social", cosa que descubrí con mi pala mental. Era un maestro consumado de la queja, la crítica y el juicio a los que ni siquiera mi esposa y mis hijos escapaban. Pero esta "maestría", en lo más profundo de mí, me dejaba cada vez más lastimado, amargado, desdichado. Vivía cada día con una sensación de pequeñez, recelo de todo y de todos. Y sólo hasta que esta situación se volvió inaguantable cambié de exclamación a sincera indagación la pregunta: "¿Por qué me siento tan solo y tan frustrado?"

La pala me llevó a encontrar cosas interesantes que evidenciaban con precisión casi matemática el porqué de mis conductas erróneas hacia los demás que los distanciaban de mí y me llevaban a juzgarlos y criticarlos con consistencia. Me animo a compartir contigo, amable lector o lectora, uno de mis autodescubrimientos más dolorosos, pero a la vez más iluminadores de mi entendimiento en esta faceta social de mi existencia. Mediante este proceso lógico de pala mental (y, por supuesto, haciendo participar en él a la congruencia y a la voluntad), pude sanear de manera importante esta área de "mi empresa", lo que desde entonces me ha permitido obtener "utilidades" excelentes por este concepto que antes arrojaba sólo números rojos.

Comparto contigo el trabajo que hice con mi pala con la esperanza de que te sea de utilidad práctica para hacer tú lo mismo, si crees que "tu empresa" lo necesita (omití nombres de conocidos, familiares, compañeros y amigos para preservar la intimidad de las relaciones y los sustituí por iniciales inventadas):

Cuestionamiento:

—¿Por qué me siento incapaz de relacionarme con NC o con LT?

Respuestas:

—Siento que "soy más insignificante que él".

—Ella ha viajado mucho y yo no.

—Ellos tienen un nivel socioeconómico "superior" al mío.

—Me admira su capacidad para tomar decisiones importantes que yo para nada tengo.

—¡Caray!, qué forma tan clara de hacer comentarios acerca de lo que acontece en los ámbitos político y económico de nuestro país. ¡Cuánto saben y cómo lo expresan! ¡Qué envidia! ¡Cómo quisiera saber y expresarme como ellos!

—¡Ve nada más su forma de vestir! ¿Qué pensarán de la mía?

—Me asusta imaginar lo que piensan de mí.

—No me gusta estar con REL ni VY, pero no me queda de otra, porque si no me quedo solo y eso está peor.

—¡AHHGG!

Lo primero que sentí fue un intenso dolor por darme cuenta –y aquí debo decir que estuve a punto de caer en la tentación de autojustificarme, victimizarme y autocompadecerme, lo que hubiera implicado seguir irremediablemente atrapado en mi "dolor social"– de cuán contaminado estaba mi pensamiento. Pero, como capté que el dolor es un informador veraz de que algo no anda bien, me armé de valor para "cavar más hondo" al seguir cuestionándome con las preguntas correctas y permitir que afloraran las respuestas correctas, hasta llegar a la raíz de mi problema/dolor –ver mi tumor con claridad–. Entonces podría hacer los cambios apropiados en mi actitud para que de una vez y para siempre mi relación con mis semejantes fuera mucho más saludable y enriquecedora de lo que era.

Palabras más, palabras menos, mi proceso continuó así:

—¿Y cuándo siento que puedo acercarme a ellos?

—Cuando no les va tan bien.

—¿Por qué?... ¡piénsalo muy bien!

(Larga pausa de reflexión).

—...porque en esos momentos me siento "superior" a ellos... Por fuera les muestro que soy "el amigo para los momentos difíciles", pero en lo más profundo de mí descubro que tengo latente un deseo de que sufran algún contratiempo, no necesariamente trágico, pues es la forma en que puedo mantener la relación sin sentirme "inferior".

(Éste ha sido el descubrimiento que más dolor me ha causado en mi viaje de autodescubrimiento. Fue importantísimo para mí hacerlo porque ¡vaya que era un tumor maligno!)

Y seguí cavando aún más profundo:

—Ahora que descubres esto, ¿sientes que éste sea el modo sano de llevar la relación con los demás?

—¡En absoluto! ¡Me enferma!

—¿Quieres seguir así?

—¡En definitiva, no! Haré lo que tenga que hacer, pero ¡no más de esto!

(Éste fue un momento crucial para mi motivación al cambio. Era ya insufrible mi estado anímico por vivir así. Había que seguir "escarbando" pues ya estaba descubriendo cosas de gran valor para mi vida.)

—Para que puedas empezar a cambiar las cosas, te pregunto: "¿Qué has hecho o dejado de hacer que te llevó a esta forma tan dolorosa de relacionarte?". Cuanto más claro lo tengas, con mayor facilidad podrás cambiar tu actitud, así que no te entrampes en autojustificarte y empieza a sentir la maravillosa libertad de poder hablarte a ti mismo sin tapujos ni censura, sin enjuiciarte ni acusarte, para conocerte y comprenderte mucho mejor y darte cuenta de que tú mismo eres tu mejor aliado para salir de la crisis que te lleva a la bancarrota. Recuerda que eres el director general y si tienes la información fidedigna de lo que sucede en tu empresa, podrás tomar decisiones adecuadas para rescatarla.

(Esta reflexión me alentó a seguir cavando).

—Si contemplo mi pasado, percibo que, a pesar de la continua insistencia de mis papás para aprovechar mi tiempo en la escuela desde secundaria hasta la universidad, opté por ver la manera más fácil de pasar materias, no de aprenderlas. Durante muchos años lo que en verdad me importaba era salir con mi grupo reducido de amigos con quienes la pasaba cómodamente, pero sin ninguna ambición para hacer algo grande de nuestra vida. Adoraba estar nueve, diez o doce horas diarias "echado" en la calle; vagaba y charlaba de puras tonterías, competía para ver quién de los amigos era el mejor "alburero", pero rechazaba todo lo que representara un aprendizaje formal. Me negaba a ir a conferencias, museos o teatros, a sostener diálogos serios con mis papás, a participar en debates de grupos estudiantiles, a pertenecer a algún equipo deportivo, de servicio social o de arte; me cerré a la posibilidad de relacionarme con un grupo de amistades mucho más amplio; todo a cambio de permanecer más tiempo en la calle. En muy pocas y contundentes palabras: hui durante años de lo que implicara la formación y el fortalecimiento de mi espíritu.

—¿Cómo te sientes con este descubrimiento?

—¡Muy "dolorosamente iluminado"! Ahora veo que todas esas preciosas horas de mi vida ocupadas de forma tan banal crearon consecuencias indeseadas en mi vida social y redujeron mi autovalía hasta llevarme a sentirme inferior a otras personas. Me percato de que es lógico y natural que me sienta "inferior" en el trato con otros cuando, hablando de manera objetiva, ellos saben más que yo y tienen más experiencia de trato social y más criterio que yo para poder hacer comentarios sobresalientes. Su tiempo lo invirtieron en actividades de mucho mayor valor que aquellas en las que yo invertí el mío.

—Y ahora, ¿qué harás?

—Me volcaré con determinación a corregir el rumbo de mi empresa por medio de lecturas de contenido intelectual sólido; me acercaré a personas muy bien preparadas y les pediré ayuda y orientación para cambiar mis actitudes; efectuaré un amplio trabajo de "reintegración conmigo mismo"; me convertiré en un mejor observador y trabajaré con constancia para reeducar a mi voz interior de modo que deje de emitir juicios inmediatos y carentes de fundamento; buscaré a un muy buen consejero espiritual; me comunicaré y oraré con Dios de forma mucho más viva, abierta y madura; buscaré organizaciones y asociaciones que me ofrezcan programas excelentes que me ayuden a apuntalar a mi empresa. Haré bien hechos mi investigación y mi trabajo.

## ¿Hacia dónde se llega con la pala mental?

Han pasado ya algunos años desde aquella experiencia dura y trascendental. Tal vez te preguntes, estimado lector o lectora, si ha valido la pena…

¿Cómo expresarte lo que se siente cuando recuperas la capacidad de ver con confianza a los ojos a las personas a quienes temías o ante quienes te sentías inferior?

¿O cuando alguno de tus hijos se acerca pleno de confianza en ti para dialogar con franqueza sobre sus inquietudes, ideas y proyectos? ¿Cuando puede tomar sus decisiones sin sentir amenazados su integridad ni el amor de tu parte porque piensas y actúas diferente de él?

¿O cuando eres juzgado y criticado por algunos y ya no sientes el impulso dañino de "contraatacar", pues te das cuenta de que su juicio es superficial y tú ya pasaste por eso y sabes bien cuán mal se siente ser así?

¿Y que en cualquier salida de casa, ya sea a un largo viaje o a la tienda de la esquina por unas galletas, puedas entablar, con facilidad y rapidez, una rica convivencia con casi cualquier tipo de persona?

¿Y que otros sientan la suficiente confianza en ti para abrir cosas que llevan en sus corazones que difícilmente comparten con alguien por sentir que sus sentimientos pueden salir lastimados, cuando en el pasado lo común es que huyeran de tu lado?

¿Cuando tu esposa, antes de partir a la eternidad, se despide de ti diciéndote que, a pesar de las dificultades, fuiste lo mejor que le pudo pasar en la vida?

Y, de manera especial, ¿por haber convertido la relación que llevabas contigo mismo de menosprecio, rechazo y desaprobación, en una de las relaciones más valoradas, más comunicativas, más respetadas y más placenteras de todas las de tu vida?

No sabría describir con palabras suficientes el valor incalculable de pasar por este proceso de pala mental, porque te ayuda no sólo a descubrir tus áreas limitadas, débiles o enfermas, sino también a revelar tus múltiples fortalezas y cualidades que antes negabas o rechazabas y ahora aceptas, valoras y aprovechas con plena conciencia y sin falsa humildad.

## Dónde aplicar la pala mental

He compartido contigo, paciente lector o lectora, tan sólo un ejemplo de una faceta de mi vida y su transformación favorable, pero nuestra empresa Yo tiene más "departamentos" y "puntos de venta" que el de "relaciones públicas" y podríamos salir muy beneficiados si aplicamos la pala mental en todos y cada uno de ellos, por ejemplo:

- Nuestra salud y condición física.
- Nuestros recursos económicos.
- Nuestra seguridad para transitar por las calles de una ciudad sobrepoblada sin sentirnos constantemente amenazados.

- Nuestra creatividad para pasar los días de descanso en formas no rutinarias.

- Nuestra visión para crear oportunidades de trabajo que antes no existían.

- Nuestra capacidad para desenredar conflictos con nuestros seres más queridos.

¡Recuerda que eres el director de la empresa! Sólo tú puedes decidir tomar la pala y empezar a escarbar.

Al final de este capítulo encontrarás una serie de preguntas. Al aplicarles la pala mental, te permitirán descubrir hasta el fondo cuál es la verdadera situación en la que se encuentra en la actualidad tu empresa "¡Yo"! Se trata del Cuestionario de pala mental.

Para poder estar en todos los sentidos en un nivel mejor que en el que estamos ahora, primero debemos definir y clarificar con precisión ese nivel presente. Sólo podemos partir de donde estamos. Contestar el Cuestionario de pala mental es una oportunidad para ubicarte. Recuerda invitar a la congruencia y a la voluntad a esa "junta directiva".

## Una reflexión final sobre la pala mental

Ojalá que ninguno de nosotros descubra demasiado tarde que lo que más valía la pena en cualquier lugar y bajo cualquier circunstancia era sostener el máximo nivel de autoconciencia posible para asegurarnos de la autenticidad de nuestros deseos y necesidades y que nuestro esfuerzo bien encauzado por lograrlos valió nuestra vida misma.

Henry Kissinger lo expresó más o menos así: "No existe peor fracaso ni mayor desdicha en la vida humana que haberse esforzado demasiado por lograr algo que, una vez conseguido, se descubre demasiado tarde que no valía la pena".

La pala mental puede ser, nuestro auténtico salvavidas. Espero que no lo desinflemos o dejemos olvidado en el clóset.

# Cuestionario de "pala mental"

Lo peor que le puede suceder a un director general es que su equipo lo "engañe con respeto". Él o ella necesita conocer con la mayor claridad posible la situación real actual de su empresa para que, a partir de ello, pueda tomar decisiones correctas y dirigirla a niveles superiores de desarrollo.

Cuanto más reflexiones en cada una de las preguntas siguientes, más precisa y detallada será tu respuesta y, por consiguiente, tendrás un "informe empresarial" más preciso.

¿Invitaste a la congruencia y a la voluntad a esta reunión?

1. ¿En qué pienso la mayor parte de mi tiempo? (Ejemplo: mis deudas, mis problemas de relación con mis compañeros, mis limitaciones o mis oportunidades de crecer, las personas que me aprecian, la creación de nuevas relaciones, los recursos con los que cuento y cómo sacarles el mayor provecho).

_____

_____

_____

2. ¿Cómo me siento conmigo mismo la mayor parte del tiempo? (Ejemplo: preocupado, temeroso, celoso, desconfiado o entusiasta, optimista, confiado, de excelente humor... ¡Recuerda que es de vital importancia contestar con la mayor sinceridad posible!)

_____

_____

_____

3. ¿De qué hablo la mayor parte de mi tiempo? (Ejemplo: de política nacional, de futbol, de los problemas del país, del tránsito, o de inversiones, de estrategias que propones im-

plantar para mejorar la comunicación con tu pareja, de lo que te dejó como reflexión la lectura de un libro, de lo que haces para recuperar tu salud...)

_____

_____

_____

4. ¿Qué es lo que escucho la mayor parte de mi tiempo? (Ejemplo: noticias, comentarios acerca de lo mal que están las cosas, los defectos de los demás, o de ideas sobre cómo mejorar, de opciones de inversión de tiempo y dinero, de propuestas para ayudar de manera efectiva a familias marginadas que viven cerca de nuestro vecindario...)

_____

_____

_____

5. Cuando estoy en mi trabajo o escuela, ¿en qué me ocupo la mayor parte del tiempo? (Ejemplo en el trabajo: asuntos pendientes de días anteriores, asuntos que se presentan en el mismo día, revisión de correspondencia, reuniones repentinas, reuniones rutinarias, o análisis de la viabilidad de nuevos proyectos, observación y estudio del comportamiento de compañeros en un nivel jerárquico mayor que el mío buscando aprender de ellos para poder ascender, propuesta de formas que agilicen las entregas de pedidos... Ejemplo en la escuela: "ligar", "irme de pinta", jugar mientras los maestros dan su clase, o esforzarme en poner atención a las materias a pesar de que los maestros que las imparten son aburridos, procurando hacer tareas y trabajos sobresalientes...)

_____

_____

_____

6. ¿En qué suelo ocupar mi tiempo cuando no trabajo o estudio? (Sé lo más específico posible). (Ejemplo: ver películas, salir a la calle a "pasar la tarde", "chelear", hablar por teléfono, chatear, dormir, o conversar con mi familia cercana, leer, hacer ejercicio, visitar museos, dialogar…)

_____

_____

_____

7. ¿Expreso con honestidad, claridad, seguridad, convicción y respeto mis opiniones, pareceres y sugerencias ante quienes me rodean, principalmente en mi trabajo y con mi familia? ¿O bien acostumbro quedarme callado por temor a herir susceptibilidades o a mentir por "respeto"?

_____

_____

_____

8. ¿Sé con precisión cuáles son los deseos más profundos o las necesidades más apremiantes que debo satisfacer para que mi empresa Yo se fortalezca?

Sí _____. No _____. En caso de que la respuesta sea positiva, podrías describir con detalle el deseo/necesidad?

_____

_____

_____

9. ¿Tengo diseñada y aprobada por la congruencia alguna estrategia que me lleve a lograrlo?

Sí _____. No _____. En caso de que la respuesta sea positiva, describe con brevedad la estrategia.

_____

_____

_____

10. Describe alguna o algunas de las situaciones a lo largo de tu vida en que reconozcas que actuaste de manera inapropiada.

_____
_____
_____

11. ¿Qué consecuencias te aportó y cómo te sentiste contigo mismo? Describe con detalle tus sentimientos.

_____
_____
_____

12. Describe alguna o algunas de las situaciones a lo largo de tu vida en que reconozcas que actuaste de manera apropiada.

_____
_____
_____

13. ¿Qué consecuencias te aportó y cómo te sentiste contigo mismo? Describe con detalle tus sentimientos.

_____
_____
_____

14. Cuando alguien cercano a tu vida quiere hacerte una observación, sugerencia o petición referentes a modificar alguna de tus actitudes, ¿la recibes y aceptas con aprecio y agradecimiento? ¿O la rechazas, te justificas y cambias el tema de la conversación?

_____
_____
_____

15. Sea cual sea la respuesta que diste a la pregunta anterior, explica por qué. (Procura responder con suficiente amplitud. Recuerda: a mayor amplitud, mayor autoconocimiento).

_____

_____

_____

16. ¿Estarías dispuesto a pedir retroalimentación a algunas personas muy cercanas a ti de manera frecuente acerca de tus actitudes ante la vida, así como de tu manera habitual de pensar y actuar?

_____

_____

_____

17. ¿Por qué sí o por qué no?

_____

_____

_____

Si hiciste un trabajo exhaustivo en tu "junta directiva", ¡felicidades! Es una de las actividades más apreciadas por los expertos directores de empresas. Esta información es "oro molido" para tu empresa Yo, pues de aquí parte el camino de su mejora y expansión.

Es fundamental que realices esta junta directiva en forma periódica. Una buena recomendación es hacerla en un periodo no menor de un mes y no mayor que tres meses.

# 2. MI EMPRESA YO,
## UN SISTEMA EXTRAORDINARIO

## TOMAR CONCIENCIA

*Expande tu conciencia. Si tu conciencia es pequeña, experimentarás pequeñeces en todos los departamentos de tu vida.*

**Robert Pante**

## Algunas premisas

- Nunca nadie podrá hacer algo "más y mejor" que lo que su nivel actual de conciencia le permita.

- Todo ser humano tiene una determinada ampliación de su nivel de conciencia en cada momento de su vida.

- Aunque el nivel de conciencia es parte de todo ser humano, cada uno lo tiene expandido a mayores o menores dimensiones que los demás.

- A mayor ampliación del nivel de conciencia, mayores oportunidades de "aumentar utilidades" y "disminuir costos" de la empresa Yo para estar y sentirse cada vez mejor.

- Si el máximo anhelo de todo ser humano es justo estar y sentirse cada vez mejor consigo mismo y en el momento presente no se siente así, será necesario que expanda su nivel de conciencia para conseguirlo.

- El nivel de conciencia es tan elástico que puede ampliarse de manera indefinida.
- Lo anterior sólo se puede lograr al asumir el puesto de director general.

En forma muy general definiremos nuestro nivel de conciencia como la capacidad para darnos cuenta de hasta dónde llegan nuestros límites y limitaciones, cuáles de aquéllos es realista ampliar y cuáles de éstas es posible vencer, así como de todas las consecuencias que nos acarrean esos límites y limitaciones.

- Si no me doy cuenta de que ejercer el papel de "víctima" con mi familia, amigos y compañeros de trabajo me hace quedarme cada vez más solo, estoy "imposibilitado" para dejar de desempeñarlo y de sentirme cada vez más insignificante e inútil.
- Si no me doy cuenta de que mi forma de expresarme me relaciona con un determinado grupo de personas y me aleja de otras, estoy "imposibilitado" para hacerlo de tal forma que pueda ampliar mi círculo de relaciones y dejar de sentirme tan aislado.
- Si no me doy cuenta de que hay múltiples maneras de resolver desacuerdos mucho más eficaces que la violencia, estoy "imposibilitado" para dejar de ser violento y de sentir que "me quemo por dentro".
- Si no me doy cuenta de que hay incontables oportunidades para desempeñar un rol de más responsabilidad y mejor paga en mi trabajo, estoy "condenado" a seguir con el que desempeño en la actualidad, ya sea en la empresa en la que estoy o en cualquier otra, y a sentirme abrumado por mis limitaciones económicas.

- Si no me doy cuenta de que sólo por medio de un estudio concienzudo de las diferentes materias que llevo en la escuela puedo sacar calificaciones altas, estoy "condenado" a seguir reprobando materias y creyéndome un tonto... aunque aparente con mis amigos que me siento de maravilla y que "me importa un comino".

- Si no me doy cuenta de que por mi genética tengo una estatura de "x" metros y no me siento bien así, estoy "condenado" a seguir gastando mi tiempo y dinero en nuevos inventos que prometen hacerme crecer.

A lo largo de la historia de la humanidad, parece que el "darse cuenta cabal" y el reconocimiento de que uno se siente de determinada manera ha sido el patrón común de toda persona que expande su nivel de conciencia y que con ello genera cambios muy poderosos en sus acciones, hasta transformar su vida en un grado impactante.

## Algunos ejemplos

- Francisco de Asís, quien durante años llevó una vida de fiesta, seducción y despilfarro económico, llegó un día a tal umbral de dolor y sensación de vacío aceptado y reconocido en su interior, que cambió de modo radical su estilo de vida a uno de absoluta pobreza, acción que lo convirtió en uno de los santos más venerados dentro de la Iglesia católica.

- Teresa de Calcuta, quien durante años daba servicio en la educación de jóvenes en escuelas privadas, llegó un día a tal grado de incomodidad al ver tan tremenda miseria humana en las calles de la India, que consiguió autorización de sus superiores para dedicarse por entero a la atención amorosa a los menesterosos. Así logró ser una de las figuras mundiales más representativas de lo que es el amor incondicional al prójimo y consiguió incluso el prestigioso Premio Nobel de la Paz.

- Ruperto López, quien durante años vivió en una de las zonas más marginadas de la Ciudad de México, harto de la miseria, pereza y vicio reinantes en su vecindad, decidió matar a un puerco que consiguió fiado para hacer carnitas. Ahora tiene un restaurante que vende doscientos kilos de carnitas a la semana.

- Leo Beuermann, hombre severamente limitado de sus capacidades físicas desde pequeño, es sobreprotegido por su madre. Una vez que ésta fallece, en su insaciable anhelo de sentirse útil y participativo dentro de la sociedad, diseña un vehículo que lo transporte a una calle de una gran ciudad, para vender lápices y otros artículos de papelería a los transeúntes.

- Una sobrecargo con una belleza particular, cansada de ser admirada y buscada por esta razón accidental, más que por sus cualidades humanas, renuncia a su cargo y dedica el resto de su vida a trabajar en un leprosario de Vietnam, acompañada de un profundo estado de satisfacción personal.

- R. S. se dedica durante largos años al despilfarro, a la vida divertida de fiestas y "ligues", hasta que su sentimiento de vacío existencial se vuelve insoportable y se decide a adoptar a varios niños abandonados, pero escoge a los menos atractivos.

- J.M.D., bastante agraciado en los aspectos físico e intelectual, descuida su matrimonio y disfruta por un buen tiempo de relaciones extramaritales en ambientes socialmente deslumbrantes, hasta que siente la terrible quemazón de la soledad y el vacío interior. En su segunda unión marital lo que más lo ocupa es trabajar y entregarse por completo a ella para no perder esta nueva oportunidad que la vida le dio... aunque reconoce con dolor, y demasiado tarde, que perdió algo muy importante.

## La conciencia para el éxito

El director general siempre está inquieto por poner a su empresa en una situación cada vez más competitiva y mejor. Cuida mucho que tanto su sistema operativo como la producción no queden obsoletos. Mantener bien despierta y amplia su conciencia se vuelve algo de vital importancia. Por esta causa deberá conocer lo mejor posible los componentes de su sistema empresarial, su funcionamiento y los resultados que el sistema en pleno funcionamiento le produce para que, de acuerdo con ellos, determine si es necesario cambiar procesos, modernizar equipos o utilizar más de la capacidad ya instalada.

Para un manejo "maestro" de la dirección general, debemos entender a la empresa como un sistema, es decir, como un conjunto coherente de principios, nociones, equipos y recursos unidos con lógica y considerados como un todo, que producen un resultado consistente.

Por ejemplo, en una empresa textil, la producción de un solo vestido implica que una serie de máquinas, materiales, energías, herramientas y personas reunidos en un local apropiado haya hecho un trabajo sistemático dirigido por alguien. Si el director realizó un mal trabajo, con seguridad utilizó más recursos de los necesarios y confeccionó un vestido de baja calidad y mala presentación. Podríamos decir que fue inhábil para manejar con eficiencia un sistema: su empresa.

Por el contrario, si el vestido terminó siendo una pieza de soberbia calidad y esto se logró con la utilización más eficaz de todos los recursos implicados, podríamos concluir que dicho director posee una extraordinaria habilidad para manejar con excelencia un sistema: su empresa.

De tal manera, un director muy consciente se da perfecta cuenta de que su rol, contrario al de dictador, es el de orquestador. En él su grandeza se manifiesta no en la cantidad de órdenes que da y en el número de demandas egoístas y caprichosas que requiere se satisfagan, sino en verificar que cada una de las piezas que componen el sistema que él dirige esté en el lugar correcto, operando de manera adecuada, durante el tiempo idóneo y con la capacidad suficiente para ejercer su función y producir así los mejores resultados posibles según los límites y limitaciones inherentes a ese sistema. Y esto se aplica para todos los recursos que componen el sistema: humano, físico, tecnológico y económico. El director experimentado sabe bien que los sistemas no funcionan por caprichos ni por decretos. Tiene sus propias leyes intrínsecas al sistema y lo que sí hace con excelencia es asegurarse de que sean respetadas por completo. El resultado natural de esta dirección será obtener productos, bienes y servicios de óptima calidad con consistencia. Su habilidad radicará en detectar en el momento preciso cuándo es recomendable dar mantenimiento y de qué tipo a cada pieza del sistema, cuándo instalar capacidad nueva y más amplia o cuándo extraer o cambiar alguno de sus elementos; asimismo, en saber redireccionar su rumbo cuando "los signos de los tiempos", a los que está muy atento, se lo indiquen.

En mi opinión, el fracaso que experimentan miles de seres humanos se debe a que no quieren entender su vida como un sistema en el que rigen ciertas leyes que deben respetar de manera incondicional y lograr esto implica conocerlas y conocer cómo se aplican a su persona. Muchos tienden a ser bastante obcecados en sus ideas irreales de lo que debería ser y no es ni nunca será así y se encaprichan de por vida a hacer las cosas "a su manera", inconscientes del daño que se causan y causan a los demás. Pueden ser representados como los típicos jugadores de los casinos que, después de perder hasta lo que no tienen, se empecinan en seguir inventando estrategias para ganarle a la casa y con pasión frenética se vuelcan a jugar de nuevo, seguros de que por fin obtendrán fortuna puesto que se sienten ya bastante experimentados para conseguirlo. Así dejan sólo ruindad en su camino. Pero si a esos mismos se les sugiere que estudien una carrera financiera y trabajen alineados con las leyes naturales que producen abundancia, en una fracción de segundo te mandan a volar con el argumento de que ignoras cómo se hacen y conservan los grandes capitales.

- La terquedad jamás ha mejorado el nivel de conciencia de nadie.
- Los caprichos y aferrarse a ellos tampoco.
- La ignorancia y la apatía para salir de ella no sólo dejan sin expandir la conciencia, sino que, por el contrario, la reducen a tal grado que pueden hacer que la persona permanezca en un alto nivel de "brutalidad existencial".

En nuestro afán de simplificar demasiado los sistemas que gobiernan a nuestra empresa Yo, no entendemos que la vida misma es un sistema complejo cuyo funcionamiento hay que empezar a captar, para después, con la humildad y el valor suficientes, ocuparnos de ella en tiempo y forma adecuados, alineando nuestra voluntad a las leyes naturales que gobiernan este sistema invaluable. Y, si bien hemos alcanzado un grado asombroso de simplificación, a cambio de ello hemos dejado de estar conscientes de las fatídicas consecuencias que dicha simplificación ha traído a nuestra empresa, ya que ha destruido muchos de los procesos indispensables para su desarrollo sano.

Las relaciones sexuales desde muy temprana edad, debido a la presión de intereses ajenos al amor auténtico; un aumento impresionante en la variedad y consumo de alimentos y bebidas francamente nocivos para la salud; un número desmedido de horas ante el televisor; la ignorancia y la impotencia para sostener diálogos profundos y bien estructurados; la gran variedad de enfermedades nuevas, raras y graves que el hombre contemporáneo adquiere; la obsesión por contestar el teléfono de inmediato, etcétera, son unas cuantas pruebas irrefutables –para el que las quiera ver– de los daños ocasionados por esta simplificación.

Hoy somos expertos en la manipulación de muchos aparatos comerciales de alta tecnología, pero analfabetos en cuanto al sostenimiento a lo largo del tiempo de relaciones interpersonales plenas con las personas más cercanas a nuestra vida. Nos preocupa más que el televisor se haya descompuesto que nuestra pareja esté pasando por un mal momento en la relación. Y las relaciones interpersonales saludables constituyen uno de los elementos fundamentales para que la empresa Yo pueda funcionar con eficiencia óptima a lo largo del tiempo, aunque todos los teléfonos, computadoras y televisores estuvieran descompuestos.

En la actualidad, de cada diez personas a quienes se les pregunte acerca de su equipo deportivo favorito, nueve podrán decirnos con detalles precisos cómo ha sido su trayectoria en este ámbito y cuál es la vida, obra y milagros de cada uno de sus jugadores. Pero, al preguntarles cuán bien conocen a su propia empresa Yo y qué es, con exactitud, lo que hacen para dirigirla con pericia, pueden respondernos con brusquedad que nos dejemos de tonterías. Lo cierto es que conocernos lo mejor posible es esencial para que podamos manejar con sabiduría nuestra empresa, aunque seamos unos absolutos ignorantes de lo que sucede en los equipos deportivos.

¿Y todo ello a qué se debe? A querer simplificar en demasía lo más importante en la vida. Me pregunto si cualquiera de nosotros estaría dispuesto a que su hijo fuera operado del corazón por un cardiólogo que hizo su carrera de medicina en un año porque siete eran muchos...

## Concluyendo el tema

Ampliar nuestro nivel de conciencia seguirá siendo siempre un proceso que no es posible simplificar. Hay cosas muy específicas que se deben hacer para lograrlo y todas requieren tiempo y concentración suficientes, además de una gran fuerza de voluntad y una predisposición a ser congruentes.

Al final de esta sección encontrarás algunas opciones que pueden ayudarte a ampliar tu nivel de conciencia.

## Amplía tu nivel de conciencia

A continuación encontrarás algunas sugerencias que te ayudarán a ampliar tu nivel de conciencia. Por supuesto, no son las únicas y con seguridad tú tendrás las propias. Lo importante es que el tiempo que decidas dedicar a este objetivo lo utilices con concentración total y que la actividad en que te ocupes represente un auténtico reto a tu intelecto y te motive con fuerza para hacer reflexiones profundas.

### Sugerencias

- Trabajar de continuo con la pala mental.

- Ocuparse en la lectura de autores que han trascendido en el tiempo: la mayoría de los clásicos, como las obras de Sócrates, Aristóteles, Platón, Shakespeare, Lope de Vega, Dostoievski, etcétera, o contemporáneos que nos desafían seriamente a cuestionar nuestra forma actual de vida, como Erich Fromm, José Luis Martín Vigil, Stephen R. Covey, Lorenzo Servitje (fundador del Grupo Bimbo), Viktor Frankl, Daniel Goleman, etcétera. Asegurarse de hacer una lectura seria, concentrada y reflexiva de sus obras.

- Interesarse por entrar en contacto con personas de culturas y religiones diferentes de aquellas en las que se nos educó, con el afán de conocer más de cerca formas de ser y de pensar que son distintas de la nuestra.

- Aceptar llevar a cabo durante un largo tiempo una actividad de voluntariado en alguna asociación de ayuda humanitaria.

- Buscar una entrevista con el director de una empresa o institución importantes para que, a pregunta expresa, nos diga cuáles son las enormes responsabilidades con las que carga y qué consecuencias sociales podrían acarrear de no cumplirse.

- Conversar con un moribundo acerca de las cosas que más valora de la vida en esas circunstancias y qué consejo podría darnos.

- Invitar a desayunar (comer, cenar o tomar un café) a una persona con serias discapacidades físicas que pide dinero en los semáforos y animarla a que nos comparta su historia de vida.

- En reunión con la familia, solicitar a cada uno de los miembros que nos expresen cuáles son algunos de nuestros rasgos de carácter que les ayudaría mucho que mejoráramos y qué fortalezas nuestras respetan y admiran.

- Cuando se nos vuelva a presentar cualquier situación que nos enoja o incomoda, cambiar nuestra expresión de "¡No se vale!" o "¡No puede ser!" por la pregunta "¿Qué necesito aprender de esto que me está tocando vivir?".

## LO OBVIO QUE NO ES TAN OBVIO

La empresa Yo es también un sistema y para poder producir resultados consistentes de óptima calidad, como director general es fundamental que conozcas lo mejor posible los elementos integradores de tu sistema empresarial para poder manejarlos con maestría.

En la gráfica 2.1 observarás cada una de las partes del sistema que conforman tu empresa Yo.

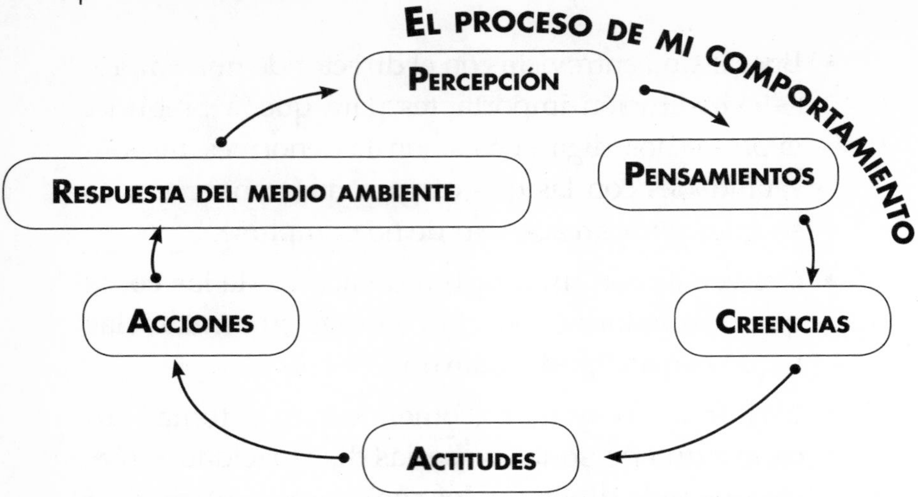

## EL PROCESO DE MI COMPORTAMIENTO

PERCEPCIÓN

PENSAMIENTOS

RESPUESTA DEL MEDIO AMBIENTE

CREENCIAS

ACCIONES

ACTITUDES

Gráfica 2.1 Elementos que conforman mi empresa Yo.

He buscado hacer lo más simple y práctico posible el entendimiento de nuestra empresa Yo, sin querer entrar en mayor profundidad filosófica, psicológica o científica, áreas del pensamiento humano en las que confieso no ser un especialista. Así, ofrezco esta explicación simplista y más bien metafórica que, aunque tal vez pueda ser rebatida por los expertos, en lo personal me ha ayudado enormemente a hacer cambios de tal magnitud que me atrevo a pensar que sin ellos, con gran probabilidad, si siguiera con vida, ésta sería bastante lastimosa.

## Percepción

Todo inicia con la *percepción* (véase la gráfica 2.1).

Tu empresa Yo existe dentro de un medio ambiente muy específico; si éste no fuera como es, la organización no podría existir.

El medio ambiente está compuesto por una infinidad de colores, olores, sonidos, densidades materiales, temperaturas, presiones, etcétera, que en su conjunto crean ese concepto que también solemos llamar *realidad*. Cada persona percibe al medio ambiente –o realidad– de una manera única.

¿Cómo lo percibe?

Un componente de su "estructura empresarial" son sus sentidos, cuya función es captar o absorber en el interior de la "nave industrial" toda la información que flota en el medio ambiente: colores, sonidos, olores, texturas.

Pero los sentidos necesitan medios apropiados para poder manifestarse y éstos son nuestros órganos sensoriales:

- Para captar lo que vemos (sentido de la vista), necesitamos los ojos (órganos).
- Para captar los sonidos (sentido del oído), necesitamos los oídos (órganos).
- Para captar los olores (sentido del olfato), requerimos la nariz (órgano).
- Para captar los sabores (sentido del gusto), necesitamos la nariz, la garganta y la lengua (órganos).
- Para captar la consistencia y temperatura (sentido del tacto), necesitamos la piel (órgano).

Ahora bien, para que la información externa –"la realidad externa"– que ya percibimos o "absorbimos" con nuestros sentidos tenga un significado, debemos interpretarla y esta función queda por completo fuera del alcance de nuestros sentidos y de los órganos a través de los cuales se manifiestan.

Toda esta información del medio ambiente que atraes a tu interior vía tus sentidos se transporta también por medio de ellos hacia zonas muy específicas de tu cerebro, que es el órgano "almacenador" de nuestra empresa Yo.

De modo metafórico diríamos que la información del exterior que captas con tus sentidos es la "materia prima" que se almacena en tu bodega llamada cerebro y que llega ahí por tus medios de transporte: los órganos sensoriales.

Sin embargo, de nada sirve tener almacenada una gran cantidad de materia prima, si no se utiliza para transformarla en un "producto funcional". (Si almaceno cuatro toneladas de oro puro y jamás lo empleo ni para venderlo siquiera, ¿soy en verdad rico, económicamente hablando?)

Y el cerebro, al igual que los órganos sensoriales, tampoco puede "interpretar" toda la información que tiene almacenada y que en forma continua sigue almacenando. Es nada más un órgano que hace las veces de almacén, ¡eso sí!, uno ultramoderno, sofisticado y extraordinariamente efectivo, pero "inconsciente" e incapaz de dar significado a todo lo que contiene.

¿Quién interpreta entonces la información? ¿Quién la administra y la distribuye a las diferentes "áreas empresariales" para que sea procesada y convertida en un "producto funcional"? Ésa es la función de ¡nuestra mente!, poderoso elemento rector, interpretador y administrador de toda la información almacenada por nuestra empresa.

## Pensamientos

La mente "extrae" la información del cerebro y la procesa hasta convertirla en *pensamientos*, que son la forma en que, tú, en tu papel de director general, puedes dar significado a toda la información que entró a tu almacén como materia prima "incomprensible".

## Creencias

Pero ahí no queda todo. Una vez que tu mente formó un pensamiento, es decir, una determinada manera de dar significado a parte de la información almacenada en el cerebro, tiende a pensar justo de la misma manera una y otra vez en relación con esa información hasta que ésta se convierte en una creencia.

Para efectos de nuestra explicación, digamos que una creencia la constituyen tus pensamientos más arraigados. De toda la incalculable información almacenada en tu cerebro, tu mente escoge sólo un mínimo porcentaje, casi siempre el mismo material, el cual procesa casi siempre de la misma manera hasta que en apariencia queda como el único existente en bodega. De acabarse dicho material, ocasionaría que la empresa se fuera de inmediato a la bancarrota por falta de materia prima que procesar.

*Percepción-Pensamientos-Creencias son los tres elementos de nuestro sistema que determinan el nivel de conciencia de cada persona.*

## Actitudes

Ahora que han quedado formadas las creencias en el interior de tu empresa, todo el sistema está "listo" o predispuesto para participar dentro del medio ambiente en el que se desarrolla, de acuerdo con dichas creencias. Esa predisposición es la que conocemos con el nombre de *actitud*, misma que se manifiesta mediante las acciones que "la empresa" ejecuta con consistencia y que son la conclusión de todo el proceso del sistema de tu empresa Yo.

## Acciones

Por tanto, las *acciones* son la manifestación externa del nivel de conciencia particular que prevalece en un momento determinado de tu vida.

Tus acciones, al igual que los sentidos, necesitan un medio a través del cual se puedan materializar hacia el exterior de la empresa, esto es, a nuestro medio ambiente o "realidad". Los medios fabulosamente diseñados e instalados en Yo para tal efecto son tu sistema nervioso, por el cual viaja la información en forma de creencia –que tu mente definió con anterioridad– hacia todas y cada una de las glándulas y músculos con los que está forrada la empresa en su totalidad, cuyo fin es ponerla en movimiento, es decir, producir acciones muy específicas de acuerdo con la información que les llega por el sistema nervioso: ¡justo la que tu mente quiere transmitirles, ni más ni menos!

## Respuesta del medio ambiente

Por último, al estar cada uno de nosotros ineludiblemente correlacionado con nuestro medio ambiente y al ser nuestras acciones la evidencia física de nuestra forma específica de participar en él, en esa correlación el medio ambiente a su vez nos *responde* evidenciando un resultado objetivo, fruto de esas acciones. Este resultado es nueva información que se canaliza al almacén interior de Yo (nuestro cerebro), vía los sentidos, para que sea interpretada por la mente a través de los pensamientos repetidos que reafirmen nuestras creencias que fortalezcan nuestras actitudes que marquen nuestras acciones que ofrecemos al medio ambiente, el cual nos responde de nuevo con un resultado que vuelve a ser información que se almacena en el cerebro que tiende a confirmar cada vez más nuestras creencias acerca de cómo es la realidad. Y éste se convierte en un proceso continuo a lo largo de la vida de cualquier persona.

Tal es la forma en la que opera, de manera sistemática, nuestra empresa y si nunca le aplicamos alguna actualización o modificación a cualquiera de sus elementos integrantes, nos seguirá produciendo cada vez más los mismos resultados que confirmarán la "realidad" que generamos para nosotros.

     ¿Hemos creado una realidad de abundancia, felicidad, seguridad, plenitud, realización, oportunidades ilimitadas... o una de miseria, limitaciones, sufrimientos y pequeñez?

# El sistema empresarial y la economía

Analicemos un par de situaciones que ayuden a aclarar el proceso que sigue nuestro sistema empresarial, con un tema de interés general: la economía.

     ¿Cuáles son las percepciones-pensamientos-creencias-actitudes-acciones-resultados habituales de una persona o familia promedio en el tema de la economía?

- Parte de su tiempo decide ocuparlo en escuchar y ver noticieros. Cuando se toca el tema de economía en ellos, ¿cuántas veces es para informar que ésta va de mal en peor? ¡La abrumadora mayoría!

- Cuando con familiares, amigos o compañeros de trabajo surge en la conversación el tema de la economía, ¿cuántas veces la persona promedio habla de lo difícil y apretado de la situación económica? ¡La abrumadora mayoría!

- Cuando se trata de pensar en nuevas oportunidades que expandan su capacidad económica, ¿en qué suele pensar la mayoría de las personas? ¡En los obstáculos!: "Va a ser casi imposible conseguir los recursos para esta oportunidad"; "La situación está tan mal, que sería muy riesgoso comprometerme con un préstamo"; "Está dificilísimo poder sacar adelante ese proyecto; bien que mal, mis tres pesitos que gano son seguros y ya sé cómo administrarlos para que rindan todo el mes"…

- Como es natural, con este nivel de conciencia, ¿qué actitudes pueden generarse en esta persona? ¡Sólo unas temerosas y muy limitadas para todo lo referente a una mejora económica!

- Al ser las actitudes las reguladoras de las acciones, éstas, que son la manifestación externa del grado de nivel de conciencia que tenemos desarrollado, evidencian a toda la humanidad con exactitud extraordinaria nuestro límite para poder producir riqueza económica. ¿Qué tipo de acciones orientadas a la economía habrán de producirse forzosamente por parte de esta persona o familia?: abalanzarse sobre los productos ofertados y con mayor descuento; acapararlos con mayor agresividad; llamar con extremada firmeza la atención a un miembro de la familia que extravía unos cuantos pesos; mostrar recelo o envidia hacia otros que gastan con demasiada holgura sus recursos (¿has visto automóviles último modelo con artísticos y llamativos rayones de clavo en toda su pintura?), ¿y en el trabajo? ¡las mismas actividades rutinarias, con el mismo nivel mínimo de energía para ejecutarlas, quejándose una y otra vez de lo mucho que hacen para lo poco que les pagan!

- Por último, el proceso que cierra el ciclo es el de la respuesta que le da el medio ambiente (en ocasiones llamada "consecuencia de nuestros actos") a esta persona o familia. Y ¿qué le devuelve el medio ambiente? ¡Como es natural, poco dinero, desconfianza de otros para invitarla a participar en trabajos de mayor responsabilidad e ingresos, deudas que nunca terminan de pagarse...!

- Lo más peligroso de este proceso es que, justo cuando el medio ambiente da a cada uno lo que le corresponde según sus actos, esta persona o familia confirma sus creencias de que la vida está llena de escasez y de grandes dificultades para poder progresar; por tanto, hay que conformarse con lo que se tiene, pues pensar en lograr más es crearse fantasías... Y concluye con una frase que expresa con aparente sentido del humor, pero que reafirma de manera tétrica su autocreada "verdad": ¡"Déjate de fantasías y aterriza en el mundo real"!

¿Qué futuro económico, me pregunto, le espera en principio a un nuevo hijo que llegue a esa familia? ¡Todavía no nace y tiene ya desarrolladas todas las condiciones que favorecerán que su vida se caracterice por la escasez… a pesar de ser entrañablemente querido!

¿Es ésta la "verdadera realidad"? ¡Por supuesto que sí!, pero la razón principal no es que haya aumentado la tasa de desempleo, se hayan cerrado puestos de trabajo y la economía nacional haya caído más que la de otros países, sino que en la conciencia de esa persona se ha moldeado un entorno de escasez:

—Papá, ¿me das dinero para salir con mis amigos?

—Pero ¡¿qué diablos te pasa a ti para pedirme dinero ahora, sobre todo para salir con tus amigos, cuando estás viendo lo "fregado" que estoy?! ¿No te has dado cuenta de cómo me "mato trabajando" para conseguir los míseros tres pesos que saco? ¡Ya te tocará "sobarte el lomo" para que veas lo que implica ganar un peso siquiera!, a ver si se te ocurre gastarlo en salir con tus amigos.

—Pero, papá, la última vez me dij…

—¡Qué última vez ni qué nada! ¡¡No hay, no te doy y ya vete!!

Cuando el medio ambiente deje "con las manos vacías" a este muchacho, en ese momento en que se cierra el proceso de la empresa Yo, ¿en cuál realidad va a creer? ¡Una de escasez de recursos y de oportunidades… ¡siempre! No importa si hay revaluación, crecimiento económico nacional, apertura de empresas o créditos accesibles: él ha creado su propia realidad.

¿Podría ésta ser otra? Veamos ahora un manejo diferente del sistema de la empresa Yo:

Consideremos a una persona a quien desde muy pequeña se le inculca que la vida está llena de oportunidades, al grado de que éstas se vuelven incontables porque la naturaleza es sinónimo de abundancia. En su ambiente familiar, cada vez que se habla de asuntos económicos la intención es ver dónde están las oportunidades de desarrollo. Siempre que sale a pasear por la calle se le enseña a que vea a cada persona que genera riqueza, desde aquel que lava coches o limpia parabrisas, hace cola en la ventanilla de un banco o entra a su oficina. En cada ocasión en que se presenta una complicación económica, observa cómo en la familia se promueve con entusiasmo la aportación de nuevas maneras de pensar hasta dar con valiosas ideas que la resuelvan. ¿Qué creencias-actitudes-acciones orientadas al tema económico tendrá esta persona ya desde su niñez? ¡Todas abiertas a las ilimitadas oportunidades de mejorar en lo económico! ¿Cuál, por tanto, será la respuesta más probable del medio ambiente a él o ella?: un muy probable flujo constante de recursos económicos y una visión clara de múltiples oportunidades de desarrollo económico en la cual otros, aunque tienen ojos, no las pueden ver y crear:

—Papá, ¿me das dinero para salir con mis amigos?

—En esta ocasión, hijo, es más recomendable que busques la mejor forma de generarlo, ya que por ahora el recurso debe dirigirse a otras prioridades familiares.

—¿Puedes sugerirme algo, papá?

—¡Por supuesto, hijo! Ofrécele a nuestro vecino que en vez de que el taxi recoja a su hijo en la escuela esta semana lo puedes hacer tú, cobrándole veinte por ciento menos. Ocúpate de pintar la reja de la casa en lugar de que contrate a un pintor. Ayúdame a hacer unas facturas, pagar unas cuentas y hablar con algunas personas para hacer una cita con ellas y te puedo dar una cierta cantidad...

—Trato hecho, papá. ¡Gracias!

Cuando el medio ambiente ponga en manos de este muchacho una cierta cantidad de billetes, en ese momento que se cierra el proceso de la empresa Yo, ¿cuál es la realidad que creerá? ¡Una de abundancia de recursos y de oportunidades... ¡siempre! No importa si hay devaluación, corrupción, cierre de empresas: él ha creado su propia realidad.

¿Te "das cuenta" de la enorme importancia que reviste "darnos cuenta" de nuestro sistema empresarial, querido lector o lectora?

Éste es tan sólo un ejemplo de un tema de la vida cotidiana procesado de las dos únicas formas posibles por nuestra empresa: una expansiva y apasionante y la otra, limitativa y asfixiante.

Te aliento a que trabajes en "darte cuenta" de cuál de las dos formas sueles utilizar en tu empresa para procesar otros asuntos sumamente importantes para el bienestar de tu vida. A continuación te presento algunas sugerencias:

- La ciudad donde vives.
- Tus familiares.
- La gente de tu ciudad.
- La gente de otras ciudades o países.
- El tránsito.
- Las dependencias gubernamentales.
- Las autoridades.
- Tú mismo(a).

## A manera de conclusión

¿Con los resultados de mis acciones estoy logrando sentirme cada vez mejor y hacer sentir mejor a los que me rodean?

¡Plantéate de nuevo esta pregunta una vez que la pala mental ha descubierto cómo es que producimos nuestros resultados!

Recuerda que nuestras acciones constituyen la comunicación más evidente a los demás de lo que pensamos y creemos. Si son fingidas, más temprano que tarde caerán por el propio peso de nuestras mismas creencias, dejando evidencia más clara aún de "quiénes somos en verdad por dentro".

A continuación encontrarás algunas actividades específicas adicionales a las sugeridas, que te permitirán comprender mejor el proceso de tu comportamiento, algo que es obvio, pero no tanto.

# Ejercicios para comprender
# mejor el proceso del comportamiento

1. Contesta el Cuestionario de pala mental del capítulo 1 con el mayor detalle y profundidad posibles. Esto te permitirá estar mucho más consciente de la realidad que tiendes a producir, por lo que de manera habitual escuchas, hablas, piensas y haces.

2. Con el apoyo de la gráfica 2.1, describe paso por paso –desde cómo la percibes hasta las acciones que generas– una situación característica de tu vida en la cual las respuestas que te da el medio ambiente tienden a ser negativas (puede ser referente a cómo percibes tu trabajo o cómo te percibes en el seno de tu familia o en relación con tus vecinos, etcétera). Describe con el mayor detalle posible cómo son tales respuestas del medio ambiente. Hazlo por escrito. En esta primera parte del ejercicio sólo tienes que usar a un miembro muy importante de tu equipo que se llama *memoria*. Ahora, para esa misma situación, imagina que el medio ambiente te da respuestas muy positivas; descríbelas con todo detalle y después describe cómo se modificó tu proceso de comportamiento, desde tu percepción hasta sus acciones, para que se hayan producido dichas respuestas. En esta segunda parte del ejercicio deberás apoyarte en otro valiosísimo miembro de tu equipo, la *imaginación*.

3. Cuando vuelvas a salir con tus amigos, de manera casual pregúntales de los temas sobre los que más solemos conversar, pero ahora presta mucha atención a sus respuestas para evaluar cuáles son las realidades que se crean para sí mismos. Una forma sugerida de preguntarles sería "¿Cómo percibes la situación en tu trabajo (en la economía, la política, tu familia…)?"

# El hardware de la empresa

Aquí analizaremos los elementos que componen el hardware de la empresa:

- Mis órganos sensoriales.
- Mi cerebro y sistema nervioso.

## Mis órganos sensoriales

Decíamos antes que lo que echa a andar a nuestro "sistema empresarial" es la percepción, es decir, la forma única que tenemos los humanos de "absorber" nuestro medio ambiente.

Si mi percepción es débil, borrosa o incompleta, necesariamente al final del proceso empresarial produciré resultados débiles, borrosos o incompletos o, lo que es peor, una combinación de los tres.

Si, por ejemplo, tengo atrofiado el sentido del gusto, ¿podré describir con la misma amplitud y detalles el sabor de un bocado, al igual que una persona en quien ese sentido está bien desarrollado?

¡Desde luego que no!, pues sólo podré expresar cualidades del bocado como consistencia, tamaño, temperatura y apariencia. Quedará fuera de mi alcance la experiencia más amplia del sabor.

Si además tengo baja sensibilidad (o hipersensibilidad) a las temperaturas, en forma automática limito aún más mi posibilidad de "conocimiento absoluto" de la realidad.

En teoría, para poder "absorber" la totalidad de la realidad y almacenar de la manera más completa posible esa información, necesitaría, por un lado, que cada uno de mis órganos sensoriales estuviera en condiciones perfectas de salud y desarrollado a la perfección en el aspecto genético y, por otro, que pudiera situarme en todas las ubicaciones posibles de ese espacio que llamamos realidad o medio ambiente. Y ésas son cosas que resulta casi imposible conseguir para el ser humano.

Lo que sí es posible y además indispensable llevar a cabo como parte fundamental de la ocupación de un director general es ampliar, por medio del ejercicio, la capacidad sensorial de sus órganos precisamente diseñados para ello y cuidarlos con absoluta responsabilidad. Aunque, como dijimos, es casi imposible captar la realidad absoluta, si hacemos lo que está a nuestro alcance, podremos captar parte de ella cada vez mejor.

La razón es que, cuanto más desarrollados estén nuestros sentidos, más información captarán. Y al captarla más y mejor, llevan al cerebro una "materia prima" de mayor calidad para comprenderla más a fondo y, al fin y al cabo, producir con ella mucho mejores "productos terminados", es decir, resultados.

Así que, cuanto más conciencia tomemos de nuestro medio ambiente cercano, más posibilidades generaremos de comprenderlo mejor y, al comprenderlo mejor, estaremos más facultados para interactuar en él de manera mucho más armoniosa. Para esto necesitamos desarrollar nuestra capacidad sensorial por medio de una serie de ejercicios específicos para cada sentido.

Para poder extraer el máximo provecho de los ejercicios que al final de esta sección te sugiero que practiques para cada uno de tus órganos sensoriales, bajo el concepto "Mejorando tu capacidad instalada", es importante conocer los diversos componentes sensoriales del medio ambiente que cada uno de nuestros sentidos en específico puede captar.

En su libro *Imágenes creativas*, el doctor William Fezler desarrolla así los componentes sensoriales:

> Sonido, gusto, tacto, olfato y sensaciones visuales son resultado de una combinación de miles de *"bits"* que involucran frecuencias de ondas, configuraciones químicas y muestras electromagnéticas [...] Muchísimos *bits* sensoriales se combinan para formar un componente sensorial [...]

- La vista tiene dos componentes básicos: tinte y saturación. El tinte hace referencia al color particular de los objetos; la saturación es la intensidad o brillo y oscuridad de esos colores.

- El oído tiene también dos componentes: grado y volumen. El grado hace referencia a la frecuencia de los sonidos que se escuchan, lo graves o agudos que parecen. El volumen es lo fuerte que se escuchan esos sonidos.

- El tacto tiene tres componentes: temperatura, presión y liquidez. La temperatura se refiere al grado de calor o frío que se experimenta. La presión implica el grado de ligereza o pesadez que se puede sentir. El término *liquidez* se utiliza para el hecho de percibir incrementos de humedad y sequedad.

- El olfato y el gusto tienen cuatro componentes comunes: salado, ácido, dulce y amargo. Estos componentes combinados constituyen todos los olores y sabores que se pueden experimentar.[1]

Como espero que ahora puedas percatarte más, apreciado lector o lectora, lo peor que podemos hacer como directores generales de Yo es "arruinar la maquinaria"

---

[1] William Fezler, *Imágenes creativas*, Ediciones Martínez Roca, Barcelona, España, pp. 57 y 58.

de nuestra empresa por graves descuidos en su mantenimiento, por ejemplo:

- Al forzar continuamente la vista pasando muchas horas frente al televisor o a la computadora sin una iluminación adecuada y sin descansos visuales periódicos.
- Al consumir cualquier tipo de drogas que destruyen células y tejidos de nuestros órganos sensoriales, sin poder recuperarse jamás.
- Al escuchar en forma continua música estridente y a muy alto volumen.
- Al habituarte a sabores "artificiales", típicos de alimentos y bebidas conocidos como alimentos chatarra en el aspecto nutriológico o a aquellos condimentados en exceso.
- Al fumar y consumir bebidas alcohólicas en exceso.

El efecto de estos descuidos en nuestro sistema empresarial a lo largo del tiempo es similar al que produce el salitre a los motores fuera de borda de las lanchas: los carcome hasta que quedan inservibles... ¡cuidado!

Tendemos a subestimar el incalculable valor que para nosotros entraña el cuidado y desarrollo óptimos de nuestros sentidos y de los órganos a través de los cuales se manifiestan. Los directores generales con un amplio nivel de conciencia a este respecto producen resultados extraordinariamente benéficos no sólo para "su empresa", sino también para miles de personas más, gracias al buen cuidado y entrenamiento de sus órganos. Los siguientes son algunos ejemplos.

- En Francia, los fabricantes de los mejores perfumes pagan fortunas a algunas personas que han desarrollado su olfato de manera extraordinaria, para que produzcan las fragancias más codiciadas por los consumidores. Les llaman Monsieur Nene.

- De forma parecida, las compañías vitivinícolas están en una búsqueda incesante de *someliers*, personas con el gusto educado especialmente para catar, es decir, para percibir con la mayor amplitud posible el sabor y olor (aroma) del vino producido en sus campos. A pesar de inflaciones, devaluaciones y crisis, los buenos *someliers* jamás requieren preocuparse por su situación económica.

- El hecho de que un miembro de la familia que viaja en un automóvil capte un sonido "raro" en el mismo y haga la advertencia ha salvado la vida de todos.

- Los antiguos indios apaches podían percibir a varios kilómetros de distancia la llegada de sus enemigos al sentir las vibraciones de la tierra provocadas por el galope de los caballos. Así se anticipaban con una excelente defensa.

- Muchos invidentes con grandes deseos de apreciar la vida "en colores" lo han logrado al entrenar su tacto para percibir por él las vibraciones características de cada color.

- En la industria cervecera se contrata a personal con habilidad visual superdesarrollada para verificar, al envasar en latas tan codiciado líquido, que vayan con las exigencias máximas de calidad y volumen. La máquina envasa cerca de tres mil latas por minuto y la persona que supervisa el llenado es capaz de detectar las que no cubren el estándar.

- En las afueras de la ciudad de León, Guanajuato, al visitar un asentamiento humano en condiciones de pobreza extrema, conocí a un grupo de niños que esa noche podrían cenar conejo, gracias a su sentido del oído tan aguzado. Éste les permite captar dónde se oculta uno de estos animales en la maleza y, con un tino sorprendente, lanzar una piedra… Así, ¡llevan la cena a su hogar!

Y para todo ello no se necesita aplicar mucho esfuerzo intelectual. Se trata tan sólo de sostener una atención total por un cierto tiempo en lo que se quiere "absorber"… ¡Eso puede volverte millonario, llevarte a conservar la salud y hasta salvar tu vida!

Ahora sería un buen momento de dejar la lectura y empezar a ejercitar tus sentidos apoyado en las guías que aparecen en "Mejorando tu capacidad instalada", al final de esta sección.

## Mi cerebro y sistema nervioso

Una vez que queda depositada toda la "materia prima" en el cerebro, en teoría los órganos sensoriales terminan su trabajo, pero como nuestra empresa Yo es un sistema en continuo movimiento hasta que morimos, de manera constante dichos órganos aportan cada vez más información al cerebro.

Ahora analicemos con mayor detalle el maravilloso "almacén" que llevamos dentro. Pieza de ingeniería, arquitectura, diseño, funcionalidad y capacidad tan extraordinarias, que puede considerarse la obra de la creación ¡más valiosa y exquisita del universo!

Con este comentario y si atraviesas por un mal momento económico, tal vez te preguntes por qué si vale tanto nuestro cerebro, estás quebrado.

¿Acaso no parece una broma macabra el que muertos paguen mucho más por nuestro cerebro que cuando estamos vivos?

¿Habrá que concluir que para vivir más desahogados en lo económico debemos quedarnos con la "cabeza hueca"?

Bueno, ésa sería la respuesta más cómoda de quienes quieren preservar a toda costa la pereza mental.

Pero, en verdad, para que podamos sacar amplísimos beneficios de esa incalculable joya que todos cargamos en nuestra cabeza, hay que ¡utilizarla bien!

¿Qué consecuencias pueden surgir en una fábrica en la que en su almacén impera el más absoluto desorden?: el inventario se abandona en cualquier hueco disponible, para extraer cualquier pieza se revuelve todo hasta dar con ella, nuevo inventario se almacena sin registro o clasificación algunos...

Terminaría por quebrar debido a la pésima calidad de sus productos, los retrasos severos en las entregas y un personal agotado de hacer esfuerzos continuos bajo una presión insana tan sólo para localizar ciertas piezas que se necesitan con urgencia.

Bueno, eso es justo lo que le sucede a miles de personas. Padecen una vida insufrible fruto del terrible desorden de su almacén empresarial que es su cerebro. (¡Por favor no pienses que los catalogo como locos!, sino que traen un desorden de locura, que es un concepto muy diferente).

Un habilidoso director general maneja como otra de sus más absolutas prioridades el orden de su almacén.

En particular en este punto aplica la sapientísima frase: "Un lugar para cada cosa y cada cosa en su lugar".

La investigación científica ha brindado información muy valiosa y objetiva acerca del cerebro y sus funciones, así como la forma y el lugar en que almacena datos del medio ambiente.

Cada centímetro cuadrado de este sorprendente almacén es investigado a menudo de manera científica y con constancia se descubren más funciones que cada parte realiza o el tipo de información que almacena. Sin embargo, para efectos de nuestro rol como directores generales, basta saber que tenemos un cerebro dividido (*split-brain*) en dos hemisferios, el izquierdo y el derecho, unidos por lo que se conoce como "cuerpo calloso", y que cada hemisferio cerebral se ocupa de procesar o almacenar de manera diferente la información que recibe del medio ambiente.[2]

## Características de "almacenamiento" de nuestro hemisferio izquierdo

- Orden y secuencia: "al paso 1 siguen el 2, 3, 4…"
- Palabras, líneas y números
- Lenguaje verbal y escrito
- Estadísticas y cálculo
- Lo concreto
- Detalles (construye un cuadro pincelada a pincelada)

---

[2] Término atribuido al doctor Robert Sperry, neurólogo que obtuvo el Premio Nobel de Medicina en 1981 por sus investigaciones acerca del cerebro dividido.

- Claro/oscuro
- Lineal (consciente del paso del tiempo y del espacio en el que se está)

## Características de "almacenamiento" de nuestro hemisferio derecho

- Imágenes
- Ritmos musicales
- Intuitivo
- No lleva un orden y secuencia: "Puedo empezar en el paso 7 y seguir en el 2, 9 , 5..."
- Visualizador
- Colores
- Carece de la noción del tiempo que pasa y del espacio físico que se ocupa en un determinado momento

Al igual que con los órganos sensoriales, si el cerebro se daña, de manera automática distorsiona la información que reciba o incluso queda incapacitado para recibirla.

(Dos sustancias le son corrosivas en particular: el alcohol consumido en exceso y cualquier tipo de drogas; estas sustancias lo "queman" poco a poco. Imaginemos la bodega de una fábrica que, aparte de almacenar sin orden alguno, en el aspecto físico tiene áreas quemadas por completo...)

El cerebro se extiende por toda la empresa mediante el sistema nervioso, que en sus múltiples y finísimas ramificaciones contacta a todos los demás órganos y músculos con el fin de enviarles la información que necesitan para efectuar su función particular, con impulsos eléctricos que viajan de forma continua por el interior de este prodigioso sistema. (Dejaremos a un lado todas las funciones involuntarias, es decir, ajenas a nuestro control a pesar de ser directores, como hacer que el corazón lata o el sistema digestivo procese los alimentos.)

## ¿Qué tipos de resultados pueden alcanzarse cuando existe un gran desarrollo de uno u otro hemisferio?

Las personas que tienen muy desarrollado su hemisferio izquierdo resultan ser excelentes directores corporativos (CEO), como Jack Welch, ex CEO de General Electric, o Larry Bossidy, presidente de Honeywell International. Estos dos personajes han llevado a dos corporaciones multinacionales a los primeros lugares de valoración en la Bolsa de Valores de Nueva York (NYSE).

Si leemos alguno de sus escritos o los escuchamos hablar nos causan la impresión de que carecen de "sentimientos cálidos" en el trato con el personal. Pero si somos más analíticos (si aplicamos la pala mental), descubriremos que son extraordinariamente directos, claros, objetivos y concisos en la toma de las mejores decisiones para la salud organizacional y "no se tientan el corazón" para llevarlas a cabo... por algo han llevado a sus empresas al nivel en el que se encuentran.

(Te sugiero que leas el libro *El arte de la ejecución en los negocios*, de Larry Bossidy y Ram Charam, de Editorial Aguilar. Es toda una experiencia muy valiosa de la aplicación del hemisferio izquierdo a los negocios y las consecuencias que en el nivel corporativo pueden presentarse por no aplicarlo. Llevar este aprendizaje al seno familiar puede rescatar a muchas familias de la bancarrota).

Desde luego, las personas regidas por el hemisferio izquierdo no sólo destacan en el campo de los negocios y las empresas; sólo pongo estos ejemplos a modo de clarificar las funciones propias del mismo.

Por su parte, quienes tienen altamente desarrollado su hemisferio derecho suelen ser los artistas: Salvador Dalí, Van Gogh, Frida Kahlo, El Greco, David Alfaro Siqueiros, Beethoven, Vangelis, etcétera, son creadores de obras que han trascendido en el tiempo por su incalculable riqueza creativa.

Pero, al igual que los hemisferios izquierdos, los derechos no sólo destacan en las artes, sino también pueden hacerlo en muchas otras áreas del quehacer humano. Éstos son sólo ejemplos con los que intento aclarar las funciones de cada hemisferio.

Lo más recomendable es que nos ocupemos en desarrollar ambos hemisferios para vivir con mayor equilibrio. Esto lo analizaremos un poco más adelante.

Hasta aquí la explicación de nuestro sistema empresarial. Podríamos decir que todos los seres humanos funcionamos de modo idéntico. La única diferencia está en el lugar determinado que ocupamos en cierto momento, lo cual provoca que "absorbamos" la información ahí captada, de forma distinta de la de otros ubicados en cada momento en un espacio y lugar diferentes. Pero es inevitable que todos percibamos todo el tiempo (todos tenemos sentidos, estén completos o no, atrofiados o no) y almacenemos lo percibido (todos tenemos cerebro, en las condiciones en que esté).

# A manera de conclusión

Espero que de ahora en adelante nos ocupemos de cuidar, mantener, proteger y desarrollar nuestro *hardware*, es decir, los recursos tangibles más valiosos que nuestra empresa posee. Mal cuidados y desarrollados nos producirán continuas dificultades y dolores existenciales que nada ni nadie en el mundo nos podrá quitar.

Mi sugerencia –confieso que un tanto irónica, pero práctica– es que imagines que todo tu *hardware* es la nueva megapantalla plana que acabas de comprar... cuídalo como sospecho que lo harás con ella.

# Ejercicios básicos para mejorar tu "capacidad instalada"

1. Tres veces al día, repartidas en la mañana, el mediodía y la noche, dedica de tres a cuatro minutos a observar con toda tu atención visual algún objeto (una hoja o tallo de un árbol, el ojo de tu mascota, un área de la piel de tu brazo…). No hagas otra cosa más que observarlo: no opines ni emitas juicio alguno sobre él.

   Al realizar este ejercicio, recuerda los componentes sensoriales asociados a la vista.

   ¡Te sorprenderás de la sensación maravillosa que te producirá "absorber" más información más detallada de tu medio ambiente con este simple ejercicio!

2. Cuando te duches, concentra toda tu atención durante uno o dos minutos en la sensación que percibes a través de tu piel por el bombardeo continuo de la multitud de gotas de agua que se estrellan en ella.

   Al realizar este ejercicio, recuerda los componentes sensoriales asociados al tacto.

   Ocupa un minuto adicional en poner atención a una sola gota de agua que cae desde tu cabellera hasta estrellarse en el suelo y estallar en decenas de gotas más pequeñas.

   ¡Te asombrarás de la increíble experiencia sensorial que te producirán estos sencillos ejercicios!

3. Una vez al día concédete un espacio de tres a diez minutos para escuchar con total atención una pieza musical variada en ritmos, con múltiple instrumentación y con un alto grado de armonía. Muchas piezas de música clásica son ideales para este ejercicio: de Hayden, Mendelssohn, Mozart, Verdi, Beethoven, etcétera. Sin embargo, hay también muchas piezas musicales modernas con gran riqueza y armonía de voces e instru-

mentos. Procura escuchar durante varios días la misma pieza que escojas. No emitas juicios ni opiniones sobre si te gusta o no, sólo préstale tu atención auditiva.

Al realizar este ejercicio, recuerda los componentes sensoriales asociados al oído.

¡Te fascinará descubrir un mundo de hermosos y armoniosos sonidos del que no te habías percatado!

4. Un día en ayunas come un trozo de verdura fresca sin ningún condimento y concentra toda tu atención en captar el mayor sabor posible de este alimento. Procura no rechazar el sabor, sólo ocúpate en percibirlo.

Al día siguiente cambia la verdura por una fruta y lleva a cabo el mismo ejercicio. Lo puedes hacer por tiempo indefinido alternando los alimentos.

Además, en cada una de tus comidas diarias asegúrate de prestar toda tu atención al primer bocado de cada variedad que ingieras.

Al realizar este ejercicio, recuerda los componentes sensoriales asociados al gusto y al olfato.

¡Te quedarás impactado al descubrir una nueva experiencia de sabores mientras te ocupas de estos sencillos ejercicios!

5. En cualquier momento del día haz una breve pausa, toma cualquier objeto a tu alcance y dedica un minuto a olerlo con tu atención completa. No emitas juicio alguno ni rechaces el olor que percibas. Sólo ocúpate en percibirlo.

Al realizar este ejercicio, recuerda los componentes sensoriales asociados al olfato.

¡Te maravillará descubrir cómo se despiertan nuevas experiencias olfativas que te serán en extremo útiles en la toma de decisiones de tu vida como director general!

# El software de la empresa

¿Dónde y por quién se generan las diferencias tan grandes en la calidad de vida de las personas cuando nuestra "nave industrial" es la misma?

Llegamos al punto central de nuestro tema. Lo que distingue a unos de otros en su calidad de vida no es si nacieron en el pavimento o en cuna acolchada; si nacieron en París o en "Nosechitlán"; si se sienten paridos por Frankenstein o por la realeza británica; si estudian o estudiaron en Yale, Harvard o Stanford o en la Prepa 4237, la Universidad "Quién Sabe" o la Universidad de la Calle.

La diferencia reside en cómo gobierna cada uno a su propia mente.

La mente es el *software* inteligente que pone a trabajar a nuestra empresa Yo de la manera tan singular como lo hace, produciendo los resultados únicos que cada uno experimenta.

Consideremos a nuestra mente como la "encargada absoluta de toda la empresa", el puesto más alto de todos, sólo debajo de la dirección general.[3]

Partamos de suponer que mi mente y Yo son dos entes distintos. Mi mente es una parte más de mi sistema, como una de mis piernas o mi nariz. No soy mi pierna ni mi nariz, pero ellas son parte de mi empresa. Asimismo, mi mente, aunque sea una parte intangible, es un elemento que está a mi absoluta disposición para el manejo de ella. Sin embargo, como suele suceder en las

---

[3] Ha sido inquietud humana ancestral determinar qué es la mente humana, dónde se localiza, si el cerebro es mente o la mente cerebro. Hasta la fecha la ciencia y la filosofía se ocupan de descifrar tan gran misterio. Para nuestro propósito pensaremos que la mente no es el cerebro.

empresas, si no cuento con la habilidad suficiente para ejecutar mi papel de director general y ganarme el respeto de todos mis empleados, éstos se rebelarán y boicotearán mi trabajo y mis proyectos; entonces, aunque la empresa sea de mi propiedad, terminan por llevarla a la huelga. La mente en particular, por tener asignado el cargo de mayor jerarquía, tiende a ser el "empleado" más dispuesto a rebelarse e insubordinar a todos los demás, si yo como director no me gano "su respeto" al gobernarla con sabiduría.

## ¿Qué es lo que hace la mente?

Fabrica los pensamientos, que, recordemos, son el resultado de la "materia prima" extraída y procesada del cerebro. Son el modelo guía por medio del cual se alinea toda la maquinaria, equipo y personal de la empresa, los cuales se ponen en movimiento para generar el producto enmarcado en ese modelo, producto que es el que ofertamos al medio ambiente vía nuestras acciones.

Si bien hablamos con demasiada frecuencia de la acción del pensar y de los pensamientos, creo que lo hacemos de manera bastante superficial. Muchos toman a la ligera uno de los conceptos más importantes –o el más importante– de su vida, y de ahí sus muchos descalabros existenciales.

Cada pensamiento producido por la mente es resultado de:

- Una selección particular de "materia prima" de la inmensidad que está almacenada en el cerebro (extraigo cierta cantidad de información auditiva, visual, olfativa, gustativa y una más quinestésica).

- La mezcla con una determinada selección de juicios de valor (bueno, malo, feo, bonito, perverso, bondadoso, discreto, chismoso, etcétera).

- Con un porcentaje de carga de pensamiento de hemisferio derecho y otro de hemisferio izquierdo (¿me fijo más en ciertos detalles aislados o en un cuadro más completo sin prestar atención a detalles?)

- "Hornear" estos ingredientes y terminar con una imagen verbal y una imagen visual, que la mente pone en "mi escritorio" de la dirección general.

Esa imagen verbal-visual está cargada por completo de energía e inevitablemente producirá un determinado grado de temperatura en el ambiente interno de mi empresa, temperatura que solemos conocer con el nombre de *emoción*.

La imagen me puede producir enojo, alegría, descontento, entusiasmo, ilusión o cualquier otra de las emociones que conocemos. Y según la emoción –o variedad de emociones– que despierte en mí, tanto en intensidad como en frecuencia, moldeará mis creencias, precursoras de mis actitudes.

Si yo como director general no realizo un análisis cuidadoso de la información que la mente pone en "mi escritorio", aplicándole la pala mental y verificándola con la congruencia, puedo provocar la continua producción de "temperaturas malsanas" (demasiado frío o demasiado calor) en mi interior y correr el muy probable riesgo de que la empresa "explote" por el exceso de calor o se "paralice" por la sobrecarga de frío. Es una ley de la física y de la biología que al transmitir un cierto grado de temperatura a los objetos, éstos modifican su estructura molecular y con ello se modifican a sí mismos.

Cada uno de nosotros, hablando sólo en términos físico-químico-biológicos, literalmente somos diferentes personas según las emociones que nos gobiernen en cada momento de nuestra existencia.

Veamos, a modo de ejemplo, qué sucede en el medio ambiente interior de Enbabia, novia de Machopecho, por un rumor de que el susodicho está coqueteando con Facilmona, el cual no verifica con la pala mental y la congruencia.

La mente de Enbabia extrae la información de su cerebro, la acomoda de determinada manera, la mezcla con un juicio de valor ("¡traidor!") y todo lo "hornea" a altas temperaturas. Ello genera una imagen verbal-visual clarísima que su mente le entrega, en la que Machopecho besuquea, manosea y se divierte en grande con Facilmona, burlándose con descaro del amor puro e incondicional que Enbabia siempre le ha profesado y que jamás sería capaz de mancillar.

¿Cuáles serán las emociones lógicas, asociadas a este pensamiento tan claro que la mente puso en el escritorio de la dirección general de Enbabia?

¡Celos!, ¡enojo! y tal vez ¡odio!

Estas emociones, ¿a qué temperatura ponen al sistema empresarial de Enbabia?

¡A punto de ebullición!

¿Surgen cambios en el sistema empresarial de Enbabia?

¡Por supuesto! Entre otros, pérdida de apetito, ritmo cardiaco acelerado, respiración entrecortada, sudoración, insomnio, incapacidad de concentrarse, pérdida de interés por muchas cosas de la vida que solían apasionarla, repulsión a ciertos gustos que antes gozaba compartidos con Machopecho, pensamiento obsesivo unilateral.

Y, puesto que de manera inevitable mientras estamos vivos, nuestra empresa no deja de "moverse", ¿qué tipo de acciones provocarán que Enbabia tenga estos pensamientos-emociones que han modificado de tal manera su sistema?

Es muy probable que, como absoluta prioridad existencial, localice a Facilmona para agredirla en forma verbal y física y que luego se "abalance" sobre Machopecho, en parte para agredirlo también y en parte para "arrancarle" el juramento de que no es verdad su galanteo. Lo lamentable es que, aunque se lo arrancara, quedaría afectada la relación de modo no muy saludable para ambos.

¡Y todo esto provocado por los cambios físico-químico-biológicos producidos por un solo pensamiento que Enbabia ni siquiera comprobó con la "realidad"!

La Enbabia que era antes de aceptar este pensamiento –una mujer dulce, entusiasta, generosa, comprensiva, alegre– es por completo diferente una vez que lo aceptó: recelosa, amargada, resentida, temerosa, desconfiada...

Y ¡démonos cuenta de que los pensamientos vienen encadenados! Si quedamos enganchados en aquellos como los de Enbabia, no es de sorprender que muchos vivan en la mayor infelicidad afectiva, fruto no tanto de que "las personas en su mayoría son infieles y dignas de toda nuestra desconfianza", sino de que le han permitido a su mente que fabrique pensamientos fantasmagóricos en relación con el comportamiento de casi todos los demás, que los tienen tiranizados en el dolor, el resentimiento y la soledad.

Y lo mismo nos sucede con cualquier otro tipo de asuntos de nuestra vida, según los pensamientos que nos formemos de ellos. Como pudimos también ver en el ejemplo de la economía familiar, si mi mente trae a mi escritorio pensamientos convertidos en imágenes verbales-visuales de limitación y que no verifiqué con mi pala mental y con la congruencia, en forma automática surgirán diversas emociones –angustia, miedo, avaricia, envidia, etcétera– que me producirán al final los "aparentemente" indeseados resultados de limitaciones económicas insalubres.

Recuerdo que hasta mi tercer o cuarto año de primaria me era muy fácil realizar las tareas que me dejaban en mis clases de matemáticas. No sé en qué momento se "contaminaron" las imágenes que hasta entonces mi mente me "entregaba" como imágenes saludables de las matemáticas y las transformó de manera imperceptible para mí en otras que me produjeron miedo, fastidio y desesperación por el resto de mi educación primaria, secundaria y preparatoria, emociones que enturbiaban con cierta frecuencia el gozo de mi existencia de aquellos maravillosos años de vida. Cada vez que tenía que vérmelas con este tema o, peor aún, tan sólo pensar en él, era suficiente para pasar, de un momento a otro, de un estado de felicidad a uno de espesa amargura. El problema fue que en todos esos años mi nivel de conciencia no creció lo suficiente para comprender que debía disciplinar a mi mente y exigirle que produjera los pensamientos más adecuados con el fin de seguir funcionando a plenitud con esta materia; de ahí que se convirtiera en una creencia el que las matemáticas son sólo para "superdotados mentales". Por fortuna, las creencias pueden cambiar –si así lo decidimos– y, aunque esta materia no es mi principal área de interés hoy día, decidí modificar mis creencias con respecto a ella, lo que me permitió estudiar la carrera de administración, reto que me impuse y que pude sacar adelante (con la ayuda de mi hermano y de varios amigos universitarios). Hacer esto produjo una larga cadena de beneficios que se extienden a mi vida presente, veintiocho años después.

## Un *software* libre de virus y potenciador de resultados empresariales extraordinarios

Si con el análisis de tu pala mental y la asesoría de la congruencia como director general de Yo te das cuenta de que la "temperatura ambiental" que te producen ciertas imágenes no es la idónea, solicita el apoyo de la voluntad para que advierta a tu mente que debe procesar de manera diversa todos los ingredientes con miras a producir pensamientos que generen "temperaturas" más adecuadas al saludable funcionamiento de las demás partes del sistema para obtener resultados de calidad superior.

Para lograr producir los pensamientos más saludables posibles, la mente debe poner en equilibrio los "ingredientes" que extrae de ambos hemisferios de mi cerebro y evitar mezclarlos con juicios de valor contaminantes, productores de emociones sumamente perjudiciales para mi sistema empresarial.

Si, por ejemplo, mi mente está habituada a tomar noventa por ciento de información almacenada en el cerebro del hemisferio izquierdo y únicamente diez por ciento del derecho y luego la condimenta con un juicio de valor como "yo sé pensar con madurez y amplitud", ¿qué le respondería a uno de mis hijos si llegara convencido a decirme que quiere estudiar canto?

Con seguridad le daría todo un sermón magistralmente estructurado para convencerlo de que estudiar canto es una de las locuras más grandes que se le haya podido ocurrir (lo escrito en itálicas evidencia el alto porcentaje de percepción obtenido sólo por medio del hemisferio cerebral izquierdo):

—Mira, hijo, piénsalo muy bien. No sabes de lo que estás hablando (¡¡??!!). Analiza el *porcentaje* de personas que logran una *seguridad económica* con esa *seudocarrera*. Fíjate cómo el *mayor porcentaje* de los cantantes son gente *floja, desordenada, rebelde, viciosa,* que sólo busca pasarla bien y evitar hacer *estudios profesionales serios.* Investiga carreras como *economía, contabilidad, finanzas, derecho* o *alguna ingeniería,* que son más sólidas y prometedoras. De cada *mil* músicos *sólo uno* triunfa; en cambio, en lo que respecta a las otras carreras que mencioné, de *cada mil* profesionales, *trescientos son exitosos.* Si estudias cualquiera de estas carreras o alguna otra que en verdad tenga una *sólida estructura académica,* estoy dispuesto a apoyarte, pero ¡olvídate de que te apoye en cosas que sólo significan *perder tiempo y dinero!* Y bien sabes, hijo mío, que te digo todo esto porque te quiero mucho y lo que más anhelo es tu felicidad.

Pero sucede que, por el contrario, la mente de mi hijo está habituada a tomar noventa por ciento de la información almacenada en su cerebro sólo de su hemisferio derecho y con un juicio de valor como "la vida es una hermosa pieza de arte y hay que vivirla como artista para poder gozarla, ¡qué horror vivir teniendo que hacer cuentas todo el tiempo como mis papás lo hacen, no saben gozar!".

(Lo destacado en itálicas demuestra el alto porcentaje de percepción sólo por medio del hemisferio cerebral derecho):

—Pero papá (mamá), *no todo* en la vida es *ganar dinero* en abundancia; cantar me produce un gozo que *no sabría cómo describir* y no me importaría si vivo *donde sea,* de cualquier manera me sentiría feliz...

¿Qué sucederá en esa conversación? Peor aún, ¿qué sucederá con la relación después de esa conversación?

No parece descabellado que el hijo se vaya del hogar, etiquetando a sus padres de incomprensivos y ellos a él de inmaduro y desconsiderado.

Al cabo de los años, el hijo tal vez terminará viviendo económicamente limitado pero satisfecho con su profesión artística y si visita en alguna ocasión a sus padres, lo único que éstos podrán percibir de él es que vive "como ellos siempre supieron": en condiciones económicas penosas. Quedará fuera de su capacidad de comprensión que su hijo, a pesar de esas limitaciones, es talentoso para cantar, ¡aunque él se los exprese con todo el énfasis del mundo!

Pero también el muchacho quedaría "atrapado" en una conclusión alineada en exclusiva a su hemisferio derecho en relación con sus papás: "Sabía que no me comprenderían, todo lo que no suene a metálico no es felicidad para ellos y no les puedo hacer ver que la contabilidad y el trabajo rutinario no van conmigo". Estaría bastante ciego a la importancia de ocuparse de algunos asuntos de organización, economía, orden y control que el hemisferio cerebral izquierdo le facilitaría y que por ignorarlos, muy probablemente se topará con incumplimiento de pagos, pérdida de documentos oficiales, retraso en citas importantes y otros problemas serios.

¿Es que acaso la información que almacena el hemisferio izquierdo tiene más valor que la que almacena el hemisferio derecho o viceversa? De ninguna manera. La información almacenada en ambos tiene el mismo valor y, además, es muy necesaria. El problema se presenta cuando nuestra mente se "indisciplina" y trabaja con favoritismo para alguno de los dos hemisferios, queriendo "hacer menos" al otro. En su inconsciencia, aquellos en quienes domina su hemisferio cerebral izquierdo tienden a juzgar, criticar y, desde luego, rechazar *a priori* cualquier idea, sugerencia o propuesta que surge de la intuición de aquellos con dominio de su hemisferio cerebral derecho. Éstos, a su vez, siempre por ignorancia, tienden a alejarse o evitar las exigencias del hemisferio cerebral izquierdo de un trabajo de investigación y verificación de datos presentados de manera ordenada. Con ello surge un eterno conflicto de relaciones, cuando deberían ser relaciones complementarias entre unos y otros, posibles sólo si ambos están dispuestos a expandir su nivel de conciencia para lograr esas relaciones armoniosas que podrían producirles resultados extraordinarios.

Pero antes de poner en armonía a los demás, pongamos primero en orden "nuestra empresa", es decir, a nuestros hemisferios:

A pesar de que la genética de las personas favorece más en unas el pensamiento estructurado del hemisferio cerebral izquierdo y en otras el pensamiento más abstracto e intuitivo del hemisferio cerebral derecho, todos los seres humanos tenemos ambos hemisferios y con un poco de disciplina y voluntad podemos hacer que nuestra mente los ponga a trabajar con más armonía o, siguiendo con la explicación metafórica de nuestro sistema empresarial, que extraiga de manera más equitativa materia prima de ambas partes de nuestro almacén.

Decíamos que por instrucción propia dada a la voluntad, ésta advierte a la mente que el que manda soy ¡Yo!, no ella, y que se discipline y produzca pensamientos más equilibrados.

Una práctica sencilla y muy amena para darle "más espacio" al pensamiento de tu hemisferio cerebral derecho es hacer ejercicios de visualización positiva, agradable y motivadora en cualquiera de las decenas de oportunidades que a diario se te brindan: camino al trabajo, en el autobús, en las pausas laborales, unos minutos antes de dormir, unos pocos minutos más al levantarte...

Lo único que habrás de hacer es extraer de tus archivos cerebrales información de tu pasado, la que llamas recuerdos. Deben ser recuerdos muy positivos y muy agradables; recuerda que los pensamientos generan emociones que afectan, para bien o para mal, toda tu empresa.

A continuación veamos cómo puedes traer hermosos recuerdos de tu pasado. Recuerda, esto es posible porque la voluntad está encargada de disciplinar a la mente dado que tú le diste esa orden.

## Procedimiento para recordar con nitidez algo de nuestro pasado

- Piensa en algún momento de tu pasado en particular agradable para ti.

- De preferencia cierra los ojos para poder tener una mayor concentración en la imagen que a continuación deberá plasmar tu mente.

- Recordar es extraer los diversos componentes sensoriales auditivos, visuales, quinestésicos, olfativos y gustativos que quedaron almacenados en tu cerebro desde pequeño.

- Lo único que tienes que hacer es traer a tu mente un recuerdo olfativo, por ejemplo, cómo olía la cocina de tu casa cuando tu mamá hacía su delicioso pastel de elote. Al concentrarte en el recuerdo del olor, aflorará una imagen extraordinariamente nítida de un momento familiar maravilloso de tu vida pasado alrededor de ese pastel.

- Puedes traer a tu mente, en vez del olor, un recuerdo auditivo del pastel. Por ejemplo, concéntrate en el momento en que te acercabas al horno y recuerda el sonido "suave y acolchonado" que emitía la mantequilla al hervir con la harina y el elote del pastel. Al concentrarte en el recuerdo del sonido, aflorará una imagen extraordinariamente nítida de un momento familiar maravilloso de tu vida pasado alrededor de ese pastel.

- También puedes nada más concentrarte en un recuerdo visual del pastel. Para que la imagen se vuelva extraordinariamente nítida trae a tu mente una pequeñísima porción del pastel, por ejemplo, "ve" dos migajas que quedaron en el fondo del refractario cuando tu mamá extrajo una rebanada y pon atención al color sólo de esas dos migajas. Con esto aflorará una imagen extraordinariamente nítida de un momento familiar maravilloso de tu vida pasado alrededor de ese pastel.

- Puedes traer un recuerdo quinestésico, por ejemplo, recordar el agradable calor que recibía tu rostro del pastel recién salido del horno al acercarte a aspirar su aroma. También así aflorará una imagen extraordinariamente nítida de un momento familiar maravilloso de tu vida pasado alrededor de ese pastel.

- Puedes concentrarte tan sólo en un recuerdo olfativo u olfativo-gustativo del pastel. Sólo procura prestar tu máxima atención a ese recuerdo y verás cómo aflora una imagen extraordinariamente nítida de un momento familiar maravilloso de tu vida pasado alrededor de ese pastel.

Por supuesto, si no te gusta el pastel de elote, o pensar en él te hace recordar momentos desagradables de tu vida familiar pasada, ¡olvídate de evocarlo! ¡Trae a tu mente cualquier otro evento del pasado que sea agradable para ti!

La posibilidad de trabajar tus recuerdos mediante esta simple técnica se vuelve infinita.

Es inevitable que afloren emociones positivas, agradables, motivadoras en tu medio ambiente interior, como resultado de esta disciplina mental. (¡Por favor no subestimes el incalculable valor que esto aporta a tu vida por ser algo tan simple! Para mí, uno de los peores dramas de la vida humana es que, por medio de cosas sencillísimas y gratuitas al alcance de todos, cualquier persona puede generar un bienestar enorme para su existencia, pero, justo por ser tan "extraordinariamente simples", tiende a hacerlas a un lado, cargando en forma inútil penas y miserias que con este remedio elemental desaparecerían).

Si te diste la oportunidad de practicar esta experiencia interior y te produjo de inmediato un maravilloso bienestar, apreciado lector o lectora, ¿qué necesidad tenemos tú y yo de aquí en adelante de autotorturarnos y autodestruirnos al traer recuerdos desagradables a cada momento a nuestra mente?

En vez de "pensar" en el asesinado que a diario sale en el periódico, o en la violada, o el asaltado, o el desempleado, o en "lo que el otro día hizo nuestro hijo, hermana o compañero de trabajo", que sólo nos aporta puritita miseria existencial sin que podamos cambiar lo que pasó, ¡disciplinemos a nuestra mente para que piense con mucha mayor frecuencia en ese aromático, esponjado, calientito, exquisito pastel de elote!

Este tipo de ejercicio mental tiende a poner en balance a ambos hemisferios cerebrales. Si lo acompañamos del entrenamiento continuo de nuestros órganos sensitivos por medio de los ejercicios sugeridos en "Mejorando tu capacidad instalada" de la sección anterior, la riqueza de nuestras imágenes mentales mejorará de manera exponencial.

Sería muy recomendable, sobre todo a los que tienen mayor inclinación a pensar desde su hemisferio cerebral derecho, que solicitaran ayuda específica a la voluntad para que los aliente a llevar a cabo tareas sencillas pero continuas que fortalezcan al izquierdo, entre ellas controlar los gastos de la casa, llevar una agenda con las actividades más importantes del día, leer libros sencillos de administración y organización, tomar algunos cursos sencillos de finanzas domésticas y planificar el tiempo. (Nunca logré influenciar a mi bella esposa, regida por el hemisferio derecho, para que hiciera eso; durante años le pedí que ella llevara el control de la chequera).

Recordemos que en la medida en que pongamos más empeño en llevar al equilibrio a nuestros dos hemisferios, nuestra mente producirá imágenes más enriquecidas de información que nos permitirán darnos más cuenta de lo que nos sucede y facilitarán realizar los cambios necesarios para sentirnos cada vez mejor. Es un gran error evitar el pensamiento de nuestro hemisferio más débil, así como rechazar actividades que lo desarrollen más.

Los papás del hijo que quiere estudiar canto deberían asistir de buena gana a escuchar a su hijo cantar, así como su hijo debería, también de buena gana, pedirles que lo orienten para llevar una sana administración de sus recursos. ¿Por qué no convertirse en los agentes y administradores de su hijo, al ver y escuchar que tiene un gran potencial y gusto por el canto? ¡Éstos son nuestros dos hemisferios que operan con una armonía maravillosa conducidos por una mente muy bien disciplinada que es el orgullo del director!

Pero ¡precaución!

Mayor claridad en las imágenes no es sinónimo de imágenes más saludables.

La obligación principal que tenemos como directores es, por mucho, la de verificar, de manera continua, que las imágenes visuales-verbales que produzca nuestra mente sean las adecuadas.

Siglos atrás Aristóteles expresó: "El alma piensa en imágenes". Hoy la ciencia y la filosofía avalan dicha sentencia.

El pensamiento es la resultante de una imagen visual y una imagen verbal que en conjunto nos aportan un significado que podemos entender. Una palabra representa una imagen y una imagen la describimos con palabras. De tal modo, utilizamos las imágenes no nada más para describir recuerdos gratos, sino también para todo lo que tiene que ver con nuestra vida. Por tanto:

- Si queremos reconciliarnos con alguien, primero hemos de disciplinar a nuestra mente para que construya imágenes lo más nítidas posibles en las que nos veamos reconciliados con esa persona.

- Si queremos mejorar nuestra situación económica, primero hemos de disciplinar a nuestra mente para que construya imágenes lo más nítidas posibles en las que nos veamos en una situación económica boyante.

- Si queremos cambiar nuestro lugar de residencia, primero hemos de disciplinar a nuestra mente para que construya imágenes lo más nítidas posibles en las que nos veamos viviendo en el lugar deseado.

- Si queremos vivir más relajados en la ciudad donde vivimos, primero hemos de disciplinar a nuestra mente para que construya imágenes lo más nítidas posibles en las que nos veamos por completo seguros, tranquilos y felices en medio de las multitudes y del "armonioso" tránsito.

Nos debe quedar muy claro que para obtener cualquier cosa que deseemos o necesitemos alcanzar, hemos primero de crear las imágenes mentales adecuadas y sostenerlas en nuestra mente, sin desecharlas por olvido o por las presiones de la vida diaria. Así, con esa continuidad formaremos una creencia (recordemos que las creencias son nuestros pensamientos más arraigados) que es fundamental para poder convertir en realidades físicas nuestros deseos y necesidades más anhelados.

Y en este punto es de importancia primordial hacer notar lo siguiente:

- Si queremos estar y sentirnos cada vez mejor con nosotros mismos, hemos primero de crear las imágenes lo más nítidas posibles en las que nos veamos como seres humanos nobles, respetables, capaces, talentosos, ingeniosos, serviciales, caritativos, inteligentes, creativos, dignos y merecedores de nuestro más grande autorrespeto.

Es insufrible ver y escuchar a una abrumadora cantidad de seres humanos que viven con una imagen de sí mismos de perverso autorrechazo y pequeñez.

A cada rato externan tonterías como: "¡Qué idiota soy!", "¡Ah, pero qué imbécil soy!", "¡Soy una estúpida, burra, güey…!", "¡Ay, Dios mío, qué feo(a), flaca(o), vieja(o) estoy/ soy!"

Y lo expresan con un énfasis tal que hacen evidente que han creado y sostenido por mucho tiempo imágenes muy claras de que son seres humanos disminuidos; es decir, se han formado creencias que los conducen a sentirse cada vez peor, es decir, "más imbéciles", "más idiotas", "más jodidos", "más viejos, flacos, gordos"…

Te sugiero una actividad adicional de trabajo mental, estimado lector o lectora, con la esperanza de que erradiques de por vida este tipo de palabras-imágenes "asesinas":

Con la mayor claridad posible crea en tu mente una imagen de tu propia persona cada vez que te dices de una manera aparentemente inofensiva cosas como "¡Qué idiota soy!" o "¡No sirvo para nada!" o "Comparado con… no sirvo para gran cosa" (recuerda que puedes crear imágenes muy claras concentrándote en un solo componente sensorial).

Hazte consciente de las imágenes denigrantes que tu mente fabrica cada vez que expresas frases como las anteriores. Por ejemplo, si digo "comparado con 'Famelgo', la verdad es que me quedo chiquito", puedo prestar atención a las imágenes que de inmediato pone mi mente sobre mi escritorio: hincado frente a Famelgo, sujetándome con una cuerda por el cuello, lo miro con la cabeza gacha y los ojos temerosos y sumisos, dispuesto a correr a gatas en el momento en que me truene los dedos.

Con esta imagen, te aseguro que no tendré ganas de volver a albergar pensamientos degradantes sobre mi persona ¡nunca más! Y creo que a todo ser humano en su sano juicio le sucedería lo mismo.

¡Gracias a Dios nunca me ha tocado ver en la calle a personas "congruentes" con sus formas de pensar y expresarse!... Muchas andarían con su cuerda al cuello.

Como sostuvo hace muchos años el doctor Maxwell Maltz, experimentado investigador del comportamiento humano y autor del conocido libro *Psycho-cybernetics*, "Si de manera tan contundente expreso que no estoy dispuesto a hincarme ante nadie ¡jamás!, entonces ¿por qué lo hago de continuo mentalmente?"

Señores directores generales, ¡percatémonos de aquí en adelante del tipo de imágenes que mantenemos en nuestra mente cuando expresamos palabras o exclamaciones como las anteriores... son imágenes asesinas de la autovalía y la autoaceptación que aportan consecuencias pavorosas para nuestra vida! Y como las imágenes son palabras y las palabras son imágenes, ¡cuidémonos mucho de poner atención a las palabras con las que nos describimos y describimos a los demás! No vaya a suceder que de pronto nos empiecen a crecer las orejas y la cola...

Entonces, ¿para qué seguir pensando de una forma que sabemos que es muy miserable? ¿Qué perverso deseo de querer causar lástima a los demás nos invade? ¿No son una pena y una estupidez enormes que al radicar en nosotros mismos el poder de elegir imágenes nobles y positivamente transformadoras de nuestra vida, elijamos las más destructivas?

Me imagino a nuestro Creador sentado en la bóveda celeste con la cabeza hacia abajo y las manos en las mejillas llorando con desconsuelo al ver a Sus hijos vivir de manera tan lastimosa cuando les dio todo para hacerlo con portentosa grandeza… y cuando Su pena se intensifica es cuando vienen las enormes inundaciones en nuestro planeta…

Si ahora hemos podido ampliar un poco más nuestro nivel de conciencia para darnos cuenta de lo que no queremos, como directores extraordinarios démonos a la tarea de trabajar desde hoy hasta el fin de nuestros días las imágenes de lo que sí queremos para nosotros: una autoestima auténtica y muy saludable.

## Un futuro prometedor para mi empresa Yo

El reto de los directores generales es poder crecer de forma continua y bien consolidada. Si de un año a otro la empresa decrece o sus números son iguales a los del anterior, de inmediato sonarán las alarmas de los accionistas y los días del director podrán estar contados.

Cuando las diferentes corporaciones que cotizan en la Bolsa de Valores presentan sus estados de resultados en forma trimestral, es casi un hecho que las que reportaron resultados iguales o menores que los de periodos anteriores verán desplomarse en el acto los precios de sus acciones.

La función del director general es hacerla crecer; no se le contrató para dejarla igual, es decir, para mantenerla; ése es el trabajo del administrador y del contador.

Quienes no asumen su papel como directores de sí mismos tienden a quedar estancados o decrecer, sin importar si tienen veinticinco años o sesenta y cinco.

El no asumir dicho rol es un indicador de que las imágenes que su mente mantiene son rígidas, monótonas, rutinarias y limitadas y que han perdido la conciencia de ellas.

En cambio, a otras personas que conocemos "se les nota un no sé qué" que nos cautiva, siempre impregnan el ambiente de una energía muy positiva y nos hacen preguntarnos "¿qué es lo que los hace tan llamativos?". En su caso, lo que les confiere ese atractivo particular es justo que han disciplinado a su mente de tal manera que la hacen trabajar de continuo en imágenes de un futuro mayor y mejor de lo que de por sí ya es su presente.

Éste es otro punto que es muy importante entender y llevar a cabo: *la mente puede producir en nosotros imágenes de un futuro mucho mejor que el presente que tenemos.*

- "Jamás" he tenido ni siquiera cinco mil pesos ahorrados en el banco, pero como director puedo exigir a mi mente que me construya imágenes en las que me veo, me oigo y me siento millonario.

- "Jamás" he sabido conservar la calma en una discusión en la que estoy involucrado, pero como director puedo exigir a mi mente que me construya imágenes en las que me veo, me oigo y me siento sereno y claro en medio de las discusiones más acaloradas.

- "Jamás" he tenido la oportunidad de acercarme a un personaje destacado a estrechar su mano y pedirle que me dé algunas sugerencias sobre cómo logró lo que logró, pero como director puedo exigir a mi mente que me construya imágenes en las que me veo, me oigo y me siento conversando sin límite de tiempo con este gran ser humano…

Pero lo maravilloso de esto es que lo hace con la misma "materia prima" que está almacenada en el cerebro por medio de nuestros órganos sensoriales.

No será suficiente mi insistencia en recalcar la importancia gigantesca para nuestra "riqueza futura" de ocuparnos de los ejercicios tan simples y gratuitos que tenemos a nuestro alcance para desarrollar más nuestros cinco sentidos: cuanto más desarrollados, más información captan y así la mente puede construir con mayor facilidad y rapidez imágenes de un futuro mucho mejor de lo que tal vez ya es nuestro presente. En vez de seguir usando nuestro tiempo en autohumillarnos con frases como "No puedo", "No me alcanza" o "Estoy horrible" y viendo ante quién "nos hincamos" para conseguir un puesto o el favor de su amistad, ¡ocupémoslo en construir las imágenes sanas y poderosas que construirán nuestro futuro!

¡Éstas sí son "influencias" reales y poderosas que vale la pena cultivar!

Al final del capítulo, en la sección "Empezando a construir un futuro mejor", sugiero una serie de ejercicios "deliciosos" de hacer, muy divertidos, altamente energizantes y muy educativos orientados a que tu mente construya las imágenes de un futuro mejor para tu empresa Yo.

Si logramos imaginar con suficiente claridad, intensidad y frecuencia las imágenes de un futuro mejor, pronto nos producirán un efecto de gran importancia que es un indicador de que las cosas están a punto de cambiar. Llamémosle a este efecto "Me siento como si..."

- Ya pronto se fueran a acabar mis deudas.
- Estuviera a punto de reconciliarme con mi pareja, colega o vecino.
- A este gran personaje lo hubiera conocido desde hace muchos años y me veo "de igual a igual".

- Una "cosquillita interior" me impulsara con mucha energía a asumir el riesgo de iniciar mi negocio de decoración.

Este efecto no es sino el indicador de que nuestras creencias hacia nosotros mismos y el potencial que poseemos y podemos explotar, están cambiando de manera favorable y con ello, empiezan a cambiar nuestras actitudes hacia la vida.

Cambio y actitud, otros dos conceptos relevantes en la vida de un director general para hacer de la suya una empresa muy poderosa y con un potencial de crecimiento y desarrollo ilimitados. Estos conceptos los analizaremos en el siguiente capítulo.

## A manera de conclusión

Nunca han estado, ni estarán, la desdicha, la tiranía, la esclavitud, la frustración, el enojo, las limitaciones, afuera de cada uno de nosotros. Todos estos elementos son resultado de nuestra decisión, consciente o inconsciente, de sostener imágenes mentales destructivas. La verdadera libertad, felicidad y realización en la vida son fruto de trabajar las imágenes mentales acordes con estos conceptos. Nuestro potencial creador de imágenes es infinito. Podrían dejarnos encerrados durante años en una pequeña habitación, como le sucedió a Ana Frank, una niña que fue escondida durante algunos años en la habitación de una casa para evitar que la llevaran a los campos de concentración nazis. Por desgracia, los nazis la descubrieron y la trasladaron a uno de ellos, donde murió. Pero, para fortuna de la humanidad, se pudo rescatar un diario que Ana llevaba en su confinamiento, el cual nos queda como un legado conmovedor y ejemplar sobre cómo la verdadera libertad y alegría se viven en el interior de uno mismo al decidirse a crear y mantener en la mente las imágenes positivas más intensas posibles.

Querido lector o lectora, tú y yo sabemos ahora de una manera más consciente cómo construirlas. ¡No desaprovechemos esta oportunidad!

## Empezar a construir mentalmente un futuro mejor

Cuantas más veces te ocupes de los ejercicios que se proponen a continuación (éstos u otros que puedan causarte el mayor impacto positivo mental para la construcción de tus imágenes) y más tiempo les dediques, más pronto conformarás tus nuevas creencias con miras a ese futuro mejor para tu empresa Yo.

# Ejercicio 1

*a)* Toma unas pocas horas de un día para ir a una tienda donde vendan una prenda de vestir que te guste más que ninguna otra (lo más cara que sea posible, aunque en este caso lo importante no es el precio sino romper bloqueos económicos mentales). Pruébatela y préstale a la prenda toda tu atención con tus sentidos: vista, oído, tacto, olfato. En el vestidor ¡nadie te ve ni te apura! y puedes concentrarte por completo en todas las sensaciones que te produce dicha prenda. Costo: $0.00

Después pasa a una agencia de vehículos donde se exhiba el carro que más te agrade. Súbete, cierra puertas y ventanas para evitar distracciones y poder prestar atención con todos tus sentidos al vehículo: aspira su aroma, percibe el agradable silencio del interior. ¿Qué tal la temperatura? ¿Y el tacto? Costo: $0.00

Por último, ve a un restaurante en el que te encantaría "algún día" poder comer y pide sólo un refresco, una botella de agua o un café. La media mañana o media tarde pueden ser horas excelentes para asistir sin sentirte presionado por ocupar una mesa con bajo consumo. Pon atención con todos tus sentidos al ambiente del restaurante. Saborea tu café. Disfruta la atención que te da en exclusiva a ti el mesero, su cortesía, su amabilidad. ¿Qué tal se siente estar sentado en esa silla? ¿Cómo se ve el ambiente? ¿La vista al jardín, la iluminación, los cuadros? Costo: $60.00 (un precio elevado con propina)

*b)* Por una inversión de $60.00 o tal vez $70.00 (en transporte público) habrás gozado de formas agradables y sanas de ocupar tu tiempo y, además, habrás aportado una incalculable fortuna de materia prima a tu "almacén cerebral". Pero recuerda que si sólo se queda almacenada y no se usa, es como los lingotes de oro: podremos tener muchos en bodegas, pero si no los utilizamos seguiremos tan pobres como si no los tuviéramos.

Para aprovecharla al máximo, realiza lo siguiente:

- De una a dos veces al día resérvate un espacio de cinco a diez minutos, siéntate en un lugar cómodo y libre de distracciones y, con los ojos cerrados, pide a tu mente que extraiga la información que almacenaste en tu "bodega cerebral" mientras paseabas.

- Recuerda un componente sensorial y concéntrate en una parte pequeña de él: la pelusa de la manga de la camisa que te probaste, el sonido que produjo al pasarla por tu cabeza, el escudo en el volante del automóvil al que te subiste, la temperatura de la manija de la puerta cuando la abriste, el primer trago que le diste a tu bebida en el restaurante: la temperatura, el sabor y el volumen de ese trago en tu boca. Un pequeño detalle producirá una imagen de extraordinaria nitidez y ésta despertará en ti un conjunto de emociones altamente positivas y energizantes muy necesarias en "tu empresa" para dos cosas: limpiar la corrosión de imágenes negativas previas y predisponer a tu sistema empresarial a interactuar con tu medio ambiente de una manera más positiva, creativa, entusiasta e inteligente para obtener resultados mucho mejores.

# Ejercicio 2

*a)* Trae a tu mente tu deporte favorito y una persona que lo ejecute con maestría. Si se trata de correr, piensa en un(a) medallista olímpico(a) o tal vez en algún vecino que, según tú, tiene una excelente condición física para hacerlo; si se trata de golf, de igual manera piensa en alguien que lo juegue con maestría. En el caso de cualquier deporte, ubica a alguien cuya forma de practicarlo y resultados te atraigan en particular. Dos o tres veces procura poner atención con todos tus sentidos a esa persona en el momento en que está jugando o realizando su ejercicio. A ratos haz que el sentido de la vista sea el que ocupe la mayor parte de tu atención (las facciones de su rostro, la tensión de sus músculos). Luego asigna prioridad al sentido auditivo (¿cómo se escucha su respiración?, ¿el golpeteo rítmico de sus pies? ¿el chapoteo de sus brazadas en el agua?) y así alterna tu atención hasta que hayas podido "absorber" una gran cantidad de materia prima para este concepto. Desde luego, si hablamos de un campeón olímpico o una estrella deportiva, tendrás que valerte de la televisión, el cine o el video para efectuar este ejercicio. Sería ideal encontrar a alguien "de la calle" como modelo, pues la experiencia sería más directa y más sentidos pueden participar en ella.

*b)* El ejercicio es indispensable para mantener libre de "óxidos" el *hardware* de la empresa y de "virus" el *software*. Sólo los que han practicado con regularidad una actividad física de este tipo saben por experiencia propia cuán inmensamente necesario y sano es ejercitar su cuerpo. Experimentan no sólo esa sensación exquisita de un cuerpo saludable y vigoroso, sino, además, un fortalecimiento de la mente para producir más y mejores pensamientos. El reto mayor es que si no eres un practicante asiduo de algún deporte, la voluntad, o sea tu nivel de energía para hacer ejercicio estará muy baja. Así como una lámpara no puede encender si no está conectada a la corriente, "tu empresa" no podrá levantarse temprano de la cama a ejercitarse si no está enchufada a la voluntad. Las "imágenes mentales deportivas" serán las que te aporten la energía suficiente para empezar a ejercitarte.

Procura trabajar por lo menos dos veces al día en construir las imágenes mentales deportivas más poderosas de que seas capaz.

Para ello realiza lo siguiente:

- Busca un lugar tranquilo y libre de distracciones y durante unos cuantos minutos cierra los ojos para poder concentrarte en la creación de tus imágenes.

- Pídele a tu mente que extraiga del "almacén cerebral" la "materia prima" de mayor calidad –que recogiste justo al observar a un deportista o un atleta– y que construya la imagen más nítida posible del deportista en un momento intenso de su esfuerzo.

- ¡Recuerda que concentrarte en un pequeñísimo detalle de cualquier componente sensorial clarificará notablemente la imagen!: una mancha en el zapato, una de las múltiples gotas con que salpicaron las brazadas y que la tela de tu pantalón absorbió, un sonido que haya surgido de la garganta del atleta a consecuencia del esfuerzo, etcétera.

- Valiéndote de esa maravillosa cualidad de tu mente que puede manejar combinaciones de los diversos componentes sensoriales de manera ilimitada o, en una palabra, imaginar, sustituye el rostro de ese atleta por el tuyo: imagínate corriendo a la velocidad y la distancia que viste que recorrió tu "modelo". Siente la poderosa tensión de tus músculos al dar pasos tan rápidos, escucha tu poderoso resoplido al expandirse ampliamente tu capacidad torácica, ve cómo rebasas a otros veloces corredores (nadadores, futbolistas...), vuelve a sentir la indescriptible sensación de gozo mental y laxitud corporal una vez que alcanzaste la distancia retadora que te propusiste, observa tu rostro con la inevitable expresión de satisfacción por la conquista de tu reto deportivo...

- Si como director general exiges a tu mente la producción continua de estas imágenes (pensamientos), verás cómo en pocas semanas empiezan a formar parte de tus nuevas y muy saludables creencias y muy pronto estarás físicamente entusiasmado ejercitándote con frecuencia y con una condición física y mental ¡como nunca imaginaste!

# Ejercicio 3

*a)* Piensa en una o dos personas que, en tu opinión, tengan una vida profesional "envidiable" dentro de tu(s) área(s) profesionale(s) de interés. Trabaja con esta(s) persona(s) de manera similar a como lo hiciste con el deportista. Procura concentrar tu atención con todos tus sentidos en ellos cada vez que tengas oportunidad de acercárteles. Cuanto más concentres tu atención, más información captarás que te facilitará la construcción de tus imágenes mentales profesionales de óptima calidad y altura.

*b)* Hay dos maneras de percibir a profesionales o empresarios exitosos según los parámetros con los que cada uno se identifica con éxito: una negativa y una positiva. La percepción negativa es cuando los vemos con envidia y sentimiento de inferioridad al no creernos capaces de logros semejantes. Por el contrario, la percepción positiva se presenta cuando los tomamos como fuentes de inspiración y guía para motivar nuestro crecimiento profesional.

Para aterrizar este ejercicio, asegúrate de llevar a cabo lo siguiente:

- Al igual que el trabajo mental en el caso del deporte, toma también un espacio libre de distracciones para concentrarte y exigir a tu mente que construya las imágenes apropiadas valiéndose de la información antes recabada por tus órganos sensoriales y almacenada en tu maravillosa "bodega cerebral".

- Recuerda concentrarte en los pequeños detalles para esclarecer tu imagen.

- Usando esa cualidad maravillosa de tu mente, la imaginación, sustituye a ese "envidiable profesional" por ti y mírate, escúchate, siéntete, saboréate como ese ser extraordinario en el que empiezas a convertirte.

# 3 El director general de la empresa Yo debe ser un agente de cambio empresarial

## Cómo entender el cambio

¿Has intentado alguna vez sacar a una planta de la maceta en la que fue sembrada?

Al tirar de ella con cuidado para sacarla de ahí sientes como si se fuera a romper; de hecho, oyes pequeños crujidos que se manifiestan porque las terminaciones de sus raicillas están tan adheridas a la pared de la maceta que, en vez de soltarse de ahí, prefieren romperse. Es como si la planta te gritara: "¡No me saques de aquí, por favor!, ¡No lo hagas, me quiero quedar aquí!, ¡Ésta es mi casa y estoy muy cómoda, feliz, segura y realizada aquí adentro!"

Sin embargo, tú sabes que la sacas de ahí para trasplantarla en el jardín donde tendrá un espacio mucho mayor y más adecuado a su naturaleza. Ahí podrá crecer hasta convertirse en un árbol robusto que dará oportunidad a que otras vidas se desarrollen en él; además, brindará un servicio generoso a la vida al obsequiarle sus ricos y abundantes frutos y proveer su fresca sombra al transeúnte que se detiene un rato a descansar.

Pero como la plantita *no se da cuenta* de que este cambio la convertirá en ese robusto árbol que potencialmente está llamada a ser, se sigue resistiendo y debes jalar más fuerte aún, en proporción al grado de resistencia que pone, porque tú sí conoces el futuro tan grande que le espera. Así, en esta lucha –"¡Sí te saco!", "¡No me saques!"–, terminas por vencerla. Te asomas al interior de la maceta y observas los restos de tan cruenta batalla:

un montón de raicillas moribundas por todos lados. Vas de inmediato al jardín donde está listo su espacio para plantarla de nuevo.

¿Cómo responde los primeros días al trasplante?

Primero ¡se resiente! Es su respuesta a la "agresión" a la que la sometiste. Amenaza con morirse. Se marchita, se agacha, pero tú no le haces caso a sus amenazas de muerte: simplemente la riegas y te vas.

Esta "mimada" plantita tarde o temprano (más bien temprano) se fastidia de sus caprichos y lloriqueos pues se percata de que ya no hay quien escuche sus quejas: es mimada, no tonta. Empieza a levantar la cabeza y puede ver un horizonte que nunca antes había visto ni se "hubiera imaginado" que existiera. Y comienza a "darse cuenta" de que, aunque fue arrancada de la maceta, se puede sostener en pie por sí misma en un campo infinitamente más vasto que el que aquella le brindaba y esto le produce una satisfacción inesperada que la motiva a "profundizar" un poco sus raicillas en la tierra donde fue plantada. Pronto se lleva otra increíble sorpresa al notar que en esa pequeña aventura a "la profundidad" crecieron su estatura y su grosor y siente como nunca antes el vigoroso fluir de la savia por todo su ser.

Una experiencia gratificante provoca el interés por repetirla y la planta no es la excepción. Entusiasmada por el resultado de haberse aventurado a profundizar un poco, decide "estirar" sus raicillas un tanto más, con lo que produce otro crecimiento y robustecimiento de su ser, así como un mayor gozo por sentir dentro de ella un mayor flujo de savia. Así, en una experiencia tras otra, la planta convierte sus raicillas en raíces gruesas, fuertes y poderosas que han llegado a profundidades insospechadas al vencer los constantes obstáculos de rocas y raíces de otros árboles, cuya existencia agradece pues por ellos ha debido crecer en todas direcciones para poder sortearlos y seguir profundizando. En este proceso interior esa plantita, de manera simultánea y paradójica, se ha desarrollado hacia el exterior; ha dejado su estado anterior para convertirse en un robusto y frondoso árbol ricamente ramificado y obtiene una satisfacción enorme: servir de manera noble y amplia a la vida gracias al esfuerzo sostenido de crecer por dentro y por fuera, crecimiento imposible sin la disposición para *cambiar*.

La maceta que en el pasado era la fuente absoluta de su seguridad, que hacía que la sola idea de salir de ahí la aterrara, en el presente es ya un recipiente minúsculo y frágil al que jamás podría regresar.

¿Hubiera sido justo "arrancar" a la planta de la maceta, trasplantarla y, salvo regarla en ocasiones, abandonarla sola a su suerte? En definitiva, ¡no!, pero lo que habría sido cruel sería dejarla en esa maceta, cuando estaba destinada a convertirse en un árbol robusto porque ya traía integrado en su estructura molecular ese potencial.

Lo mismo sucede con la vida humana: hay quienes gritan, patalean y alegan crueldad cuando se intenta "arrancarlos" de su maceta –es decir, sus percepciones, pensamientos y creencias limitados– para trasplantarlos a espacios más amplios de desarrollo –es decir, una capacidad más amplia de percepción, pensamiento y creencias– que los conviertan de personas débiles, acomplejadas, sumisas y apocadas en seres humanos de liderazgo e influencia social extraordinarios para la mejora de incontables vidas humanas. En realidad éstos son los más "crueles", pues renuncian al potencial genético grabado en sus entrañas para convertirse en ese ser extraordinario que grita por manifestarse: al no querer cambiar sus percepciones, pensamientos y creencias limitados por unos más amplios, impiden que sus actitudes "transporten" un mayor caudal de energía que inyecten a sus acciones para impactar con mayor contundencia a su medio ambiente. ¡Eso sí que es cruel e injusto! Es dejar "enterrados nuestros talentos" que debíamos haber desarrollado al máximo para producir el mayor y mejor servicio a nuestro medio ambiente! (Véase la gráfica 3.1).

Gráfica 3.1 El trasplante.

## El cambio

Como director general de tu empresa Yo deberás buscar siempre el *cambio*. Éste se entiende no como inestabilidad que nos hace empezar una relación, una actividad económica, una actividad de servicio social, una profesión o la vida en un lugar de residencia y al poco tiempo, sin razones bien fundamentadas, abandonarlo para comenzar "algo nuevo que promete ser mejor". Más bien, veámoslo como una energía acumulada que va en aumento en la medida en que se trabaja de manera consciente en ampliar el nivel de conciencia (percepción-pensamientos-creencias), al ejercer tal presión sobre las actitudes que impulsan a toda la empresa mediante las acciones, impulso que la lleva a moverse de continuo hacia el punto calificado como "más y mejor" para el sitio donde se está y lo que se hace (véase la gráfica 3.2).

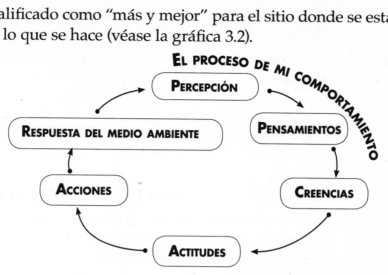

Gráfica 3.2 Ampliación del nivel de conciencia.

Esto se llama tener un *cambio estable,* el cual, a su vez, se subdivide en dos tipos de cambio:

1. *Cambio horizontal,* que debe ser muy esporádico e implica trasladarse de un lugar ("maceta") que va desde malo, regular o bueno para el desarrollo personal a otro mucho más fértil:

   - Dejo "la maceta cómoda" de ver dos horas de televisión para ir al gimnasio y ejercitarme.
   - Dejo "la maceta cómoda" de vivir en casa de mis padres para ir a formar mi propia familia.
   - Dejo "la maceta cómoda" de ser mantenido por alguien para ir a conseguir empleo o establecer un negocio propio que me aporte recursos.
   - Dejo "la maceta cómoda" de criticar y juzgar la forma de ser de un conocido para ir directo hacia la persona y expresarle con respeto lo que pienso de ella.

2. *Cambio vertical*, que debe ser continuo e implica estar en un aprendizaje constante llevado a la práctica de la misma manera, que robustezca a mi empresa Yo:

- Sigo un programa de ejercitación en el gimnasio que fortalezca mi físico a lo largo de los años.

- Me mantengo capacitándome y comunicándome apropiadamente con la familia que decidí empezar a formar, para que con el tiempo la relación con todos sus miembros sea muy armoniosa y llena de amor y comprensión.

- Por medio de una capacitación continua y motivado por el deseo de ocupar un mejor puesto, de ser un auxiliar me convierto en el director de la empresa con la que decidí contratarme, o de haber empezado una actividad económica en un pequeño local llego a ser una gran empresa con varias sucursales en el mercado.

- Buscando siempre aumentar mi nivel de conciencia, aprendo primero a aceptar a la persona que no me agrada y luego, con el tiempo, convertirla en una de mis mejores amistades.

En la vida humana puede haber sólo tres disposiciones para el cambio:

1. *El cambio inestable*, que evidencia la inmadurez, inseguridad y falta de claridad y visión acerca de lo que la persona quiere. Ejemplificábamos este cambio con una persona que no puede sostener una relación afectiva o profesional a largo plazo,

que realiza una diversidad de actividades económicas, pero ninguna llevada a cabo con concentración y hasta el final: en un inicio todo le parece lo mejor que haya existido, pero poco después se desencanta y abandona el asunto.

*Algunas consecuencias del cambio inestable*: alto nivel de desconfianza, rechazo, resentimiento, menosprecio y en ocasiones enemistades fuertes.

*A manera de ejemplo*: hace muchos años un familiar mío me presentó a una persona. Su relación matrimonial aparentaba ser muy sólida. Pero no hay nada que el paso del tiempo no descubra y en este caso puso en evidencia infidelidades reiteradas que terminaron por desbaratar una "bonita" familia. La casualidad quiso que en fecha reciente me topara con esta persona en un restaurante con la notoria intención de "ligar" a alguna de las señoras que estaban sentadas junto a mi mesa... cuando él venía con una dama. Era inevitable darme cuenta de ello por lo pequeño del lugar y por la obviedad de su comportamiento. Yo me abstuve de decir algo a mis compañeros de mesa. Sin embargo, uno de ellos, que también lo conocía, hizo algunos comentarios no precisamente muy positivos y agradables de escuchar que dejaban ver una alta desconfianza y aversión hacia este hombre.

Una planta que es trasplantada una y otra vez acaba por secarse.

2. *No querer cambiar*, que evidencia el desgano, la apatía y el conformismo en los que la persona está atrapada. Sus actividades tienden a ser siempre las mismas y con la misma intensidad. Parecen *zombies* en quienes lo único que está vivo es

su cuerpo, pero cuya mente y corazón murieron desde hace muchos años.

*Algunas consecuencias de no querer cambiar:* aislamiento, rechazo, indiferencia, aburrimiento mortífero, convertirse en autómata.

*A manera de ejemplo:* en fecha reciente vi una película japonesa que trataba sobre la vida de un burócrata. Durante las casi cuatro horas de su proyección, el personaje principal no hacía más que llegar al escritorio de su oficina, siempre a la misma hora, con el mismo volumen de escritos que firmar, con la misma hora exacta para comer y, por supuesto, siempre la misma comida y la salida a la misma hora para llegar a su casa a hacer idéntico quehacer antes de dormirse. Los compañeros de trabajo solían, entre murmullos, cruzar apuestas para adivinar quién se quedaría con su puesto cuando este hombre falleciera. La relación con su único hijo y su nuera era muy fría y distante; el señor era viudo desde hacía muchos años (¡con seguridad su pobre mujer murió de aburrimiento!). Y así ¡durante más de cuarenta años! Un día este personaje es diagnosticado con cáncer y dándose cuenta demasiado tarde de la forma tan inútil como consumió su existencia, consciente del poco tiempo que le quedaba, decidió hacer algunos cambios en sus actividades. Se dedicó a la diversión característica de una vida disoluta: ir de un centro nocturno a otro consumiendo sus ahorros en comida, bebida y mujeres, pero al poco tiempo termina hastiado de esta ilusoria vida feliz. Un día se le ocurre tomar en serio uno de los millones de expedientes que había firmado sólo para archivarlos en sus cuarenta años de trabajo burócrata y decide comprometerse con todo su ser a arreglar unas tuberías que anegaban de agua sucia a una vecindad, provocando serias enfermedades, sobre todo a la población infantil. Le costó muchísimo trabajo superar la asfixiante burocracia en la que estaba inmerso, pero al final logró su cometido. La escena más conmovedora es cuando cae desplomado entre los camiones que empiezan los arreglos, pero, unos segundos antes de que esto suceda, presentan una toma de su rostro que refleja por primera vez en toda su vida la satisfacción de haber hecho algo que en verdad valía la pena antes de morir. Ser testigo de la expresión de ese rostro valió las largas horas de este filme.

Para mí, lo más impactante de la película es saber que, como su protagonista, un sinnúmero de seres humanos vive con esta actitud de *no querer cambiar* y sentir la desesperación de querer sacudirlos y gritarles que ¡despierten a la existencia! antes de que se den cuenta demasiado tarde de lo dormidos que viven...

Una planta que no sale de la maceta queda, de por vida, enana.

3. *El cambio estable*, que evidencia madurez, seguridad, visión clara y motivación para lo que la persona quiere lograr. Es impresionante la energía que emiten las personas que tienen la disposición a este tipo de cambio. Son quienes están conscientes de su potencial como "árboles muy frondosos" y su cambio consiste en trabajar en lo que sea necesario y correcto para, paso a paso, dejar de ser troncos delgados y frágiles y convertirse en esos árboles majestuosos que aportan tanto bien a su medio ambiente.

*Algunas consecuencias del cambio estable:* si viven en familia, la intensidad, la riqueza, la creatividad y el estrechamiento de sus relaciones serán ilimitados. Todos los días se convierten en una aventura interesante y retadora para ellos y quienes los rodean. Generan un alto nivel de confianza en las demás personas, además de una atracción que conocemos como *personalidad magnética.* Tienden a ser divertidos, interesantes, muy creativos y originales y hasta sus actividades de rutina las transforman en algo placentero. En el trabajo que realizan, ya sea por su cuenta o en alguna organización, tienden a ser los que más valor aportan con sus acciones; no es de extrañar que por lo general sean los que más ingresos obtienen y a quienes más ofertas de trabajo o negocio se les presentan. Son unos ejemplares emprendedores con gran iniciativa.

*A manera de ejemplo:* una vez al salir de mi trabajo decidí tomar un taxi de la calle en vez de llamar a un sitio. Era un "minitaxi" Volkswagen que por fuera aparentaba ser igual a los incontables minitaxis que pululan por la Ciudad de México. Pero nada más al entrar en él, todo fue un mundo interior por completo diferente y enriquecedor. El taxista, Arturo, tenía una extraordinaria habilidad para percibir el estado anímico de sus pasajeros y tratarlos en consecuencia. Es un hombre culto, educado y conocedor del mundo. Abre la guantera y convida a los pasajeros a seleccionar dentro de una gran variedad de piezas musicales desde música de banda hasta orquestas sinfónicas y, de acuerdo con lo que uno selecciona, comenta algo referente a sus autores. También declama… es impactante la forma en que conmueve al hacerlo. Cualquiera podría pensar que esta actitud la aprovecha para seducir, pero, a pregunta expresa, Arturo me comentó que vive una vida muy plena y feliz en compañía de su esposa y dos hijos sin necesidad de afectos "extrahogar". Pero Arturo no ocupa todo su tiempo en el taxi: por las mañanas es maestro de sexto de primaria y el vehículo lo usa sólo como una oportunidad de hacerle un poco más agradable la existencia a las personas que se suben en él; es por ello que con gran delicadeza se niega a tener una lista de clientes frecuentes que pudieran incluso generarle mayores ingresos que los pasajeros que al azar levanta.

Me he subido durante años a cientos de taxis de todo tipo y en muchas partes. La mayoría de las veces procuro abrir la comunicación con el chofer y por lo general son experiencias bastante agradables; pero mi experiencia con Arturo ha sido la más fascinante de todas.

Una planta trasplantada a tierra fértil, bien regada y abonada termina por convertirse en un árbol majestuoso que nunca deja de crecer.

Todos los directores que llevan de continuo al éxito a sus empresas pertenecen a este último grupo de disposición al cambio: el cambio estable. A continuación analizaremos los elementos necesarios para poder sostener un cambio vertical permanentemente.

## A manera de conclusión

¿Cómo puedo saber con bastante objetividad si es necesario llevar a cabo un cambio estable dentro de mi empresa Yo?

Te invito, amable lector o lectora, a que contestes las preguntas del cuestionario que aparece al final de esta sección. Date permiso de reconocer que tu vida es demasiado breve y que lo que menos quisieras que te pasara es haberla vivido sin pena ni gloria, habiendo dejado tus dones y talentos enterrados sin utilizarlos. Estoy casi seguro de que no querrías que tu lápida dijera algo como: "Aquí yacen los restos de un cuerpo que perteneció a alguien que cuando vivió ni cuenta se dio, y cuando murió a nadie le importó; más bien, hasta el mundo descansó. Ojalá que sus restos estén descansando en paz, pero ¿qué razón habría para ello si nunca en vida ni siquiera se cansó?"

Responder con sinceridad a las preguntas del cuestionario te motivará a realizar cambios estables, ¡claro!, si lo requieres.

# Cuestionario verificador de la implantación de un cambio estable dentro de mi empresa Yo

## Instrucciones

Rodea con un círculo el número que más te identifique con la respuesta, donde:

1 equivale a "Rara vez"

3 equivale a "Con cierta frecuencia"

5 equivale a "Casi todo el tiempo"

1. ¿Me siento aburrido y mecanizado?

   1      2      3      4      5

2. ¿Mis actividades diarias tienden a ser monótonas y áridas?

   1      2      3      4      5

3. ¿Mis puntos de vista, comentarios u opiniones que expreso en el trabajo, escuela, hogar o con amigos son poco apreciados?

   1      2      3      4      5

4. ¿Siento como que "el jardín del vecino es más verde que el mío"?

   1      2      3      4      5

5. ¿Hablar de "hacer cambios" me causa pereza?

   1      2      3      4      5

6. ¿Mi conversación en el hogar tiende a ser sobre los mismos temas?

   1      2      3      4      5

7. ¿Cada día que me levanto me da una sensación más bien de presión y agobio que de ilusión y entusiasmo?

   1        2        3        4        5

8. ¿Siento que el día se me va más en quedar bien con todos que en hacer lo que en lo más profundo de mi ser anhelo?

   1        2        3        4        5

9. ¿Cuando hablo me doy cuenta de que no me escuchan en realidad, pero aun así sigo hablando?

   1        2        3        4        5

10. ¿Me descubro ocupado en asuntos triviales y aun así continúo ocupado en ellos?

    1        2        3        4      5

11. ¿Me siento como si viviera una vida que no es la mía?

    1        2        3        4      5

12. ¿Me resisto a cambiar, aun reconociendo que lo requiero?

    1        2        3        4      5

13. ¿Tiendo a imponer mis razones, ideas y creencias al tratar con los demás, en especial con los que ejerzo alguna autoridad?

    1        2        3        4      5

14. ¿Me siento desesperado o ansioso si no tengo junto a mí un teléfono o acceso a internet por más de media hora?

    1        2        3        4        5

15. ¿Me asusta y/o me da pereza empezar algo nuevo y retador para mi creatividad y mi compromiso social?

    1        2        3        4        5

16. ¿Evito pensar y hablar del día de mi muerte?

    1        2        3        4        5

17. Aunque aparento sentirme feliz y realizado, ¿en mi interior siento que estoy viviendo una vida de "callada desesperación"?

   1      2      3      4      5

18. ¿Me cuesta trabajo aceptar pensamientos y opiniones diferentes de los míos?

   1      2      3      4      5

19. ¿Me identifico con la frase "Más vale malo conocido que bueno por conocer"?

   1      2      3      4      5

20. ¿Me quejo?

   1      2      3      4      5


Si marcaste 3 como respuesta en alguna(s) pregunta(s), es un indicador de alerta para empezar a poner más atención en la necesidad de un cambio estable.

Si marcaste 4, esto indica que ya es importante realizar un cambio estable.

Si marcaste 5, es una señal contundente de que es urgente que inicies un cambio estable.

En la medida en que más respuestas estén comprendidas a partir del 3, mayor indicativo será de la necesidad inminente de un cambio estable.

# ELEMENTOS PARA UN
# CAMBIO VERTICAL CONTINUO

Una vez que como directores decidimos "salir de nuestras macetas", es decir, de nuestras zonas de comodidad, para trasplantarnos a tierras más fértiles (cambio horizontal), necesitamos generar una "actitud empresarial responsable" constante para no detener nuestro crecimiento.

¿Por qué será que en cualquier actividad de la vida humana siempre hay personas que destacan de manera notoria, otras la desempeñan sin pena ni gloria y en no pocas ocasiones muchas la llevan al fracaso?

Creo que la razón es que los primeros viven con una actitud empresarial intensa y los otros adoptan la actitud de empleados "víctimas", la cual describiremos más adelante.

Veamos algunos ejemplos:

- En un mercado de bienes raíces muy deprimido en la ciudad de León, Guanajuato, Johann, un joven entusiasta, decide asociarse con otros muchachos tan motivados como él para abrir su negocio en este rubro. En pocos meses de operación han logrado tal demanda por sus servicios, que han tenido que adquirir más vehículos y contratar más personal cada mes. Escuchar la visión de Johann y su equipo, después de oír la de otros agentes, deja muy claro por qué logran ese nivel de éxito.

- Paso muy seguido por una avenida en la que hay varios restaurantes pegaditos uno al otro y con mesas a la calle. Son por lo menos nueve, todos con apariencia agradable. Ocho de ellos tienen pocos clientes y sólo uno se encuentra invariable-mente lleno.

- Durante más de diez años que viví en una ciudad de provincia veía un local en una calle por la que pasaba a diario que casi siempre estaba vacío. En forma ocasional ponían un negocio de alimentos, farmacia o papelería, pero poco después cerraba. Hace unos meses lo ocupó una taquería: tiene tal éxito que a veces es difícil encontrar un lugar cercano para estacionar el coche y cenar ahí.

- Incontables personas se lamentan del bajo nivel educativo de la población mexicana. Un amigo, preocupado también por esta situación, se reunió con amistades suyas y de ahí surgió lo que hoy se conoce en muchas tiendas como "cargo por re-dondeo", movimiento que reúne varios millones de pesos al año, los cuales se destinan a poner computadoras para la educación de los niños en el campo mexicano.

Los resultados sobresalientes parten de un nivel de conciencia incrementado que energiza de tal manera las actitudes que las transforma en verdaderas actitudes empresariales responsables para la vida.

Hemos detallado cómo incrementar nuestro nivel de conciencia; ahora será necesario comprender a fondo lo que son las actitudes y el concepto de empresario, otros dos conceptos que como directores exitosos es indispensable entender e implantar en nuestra vida diaria.

## Actitud

"Disposición mental persistente para reaccionar ante ciertos objetos no como son, sino como se cree que son. Psicomotora: postura, posición del cuerpo que prepara la acción."

*Diccionario enciclopédico Academia,* Fernández Editores, 2001.

Por lo que vimos en el capítulo anterior, podríamos concluir que nuestras actitudes son directamente proporcionales a la expansión del nivel de conciencia que tenemos en un momento dado.

Mientras estemos vivos estaremos sujetos invariablemente a un sinfín de estímulos del exterior a los que debemos responder de alguna manera: la llamada telefónica, el grito de un hijo, la petición de construir una gráfica, una solicitud de pago, la atención de una enfermedad, una orquesta sinfónica para nuestra madre con múltiples bocinas de automóviles en el tránsito, el carácter particular de personas con quienes convivimos: nuestra hermana, hijo, vecino, cuñado, etcétera.

Casi todos los estímulos en sí mismos tienden a ser neutros. Nos producirán una oportunidad de estar y sentirnos cada vez mejor… ¡o peor!, según como decidamos responder a ellos:

Tú puedes…

- Decidir contestar o no el teléfono en el momento en que suena.
- Reflexionar qué hay detrás del grito de tu hijo o contestarle con una bofetada para que se calle.

- Juzgar el carácter de tu cuñado o decidir que es un maestro que te enseña un área de oportunidad para fortalecer el tuyo.

- Pegar de gritos a tu deudor o poner a prueba tu paciencia y generosidad cada vez que retrasa su pago.

## Responsabilidad

La clave está en cómo respondo: cuanto más hábil sea con mis respuestas al estímulo, mayor bienestar conseguiré. Ahí es donde me gusta identificar el término de responsabilidad, más allá del "cumplimiento del deber adquirido". Desde luego que no excluye este concepto, pero no lo deja ahí.

Por ejemplo, si uno de mis hijos genera comportamientos contrarios a la educación que le quiero inculcar y eso me produce un enojo intenso, me peleo con él y permanezco incómodo a lo largo del día por ello. Con seguridad no me sentiré mejor conmigo mismo ni con él; por tanto, podría interpretarlo como que no tuve suficiente habilidad de respuesta a ese estímulo; si reflexiono al respecto, descubriré que la próxima vez debo cambiar mi forma de responder si me interesa conseguir una mejoría en la relación.

Es muy común observar cómo se terminan relaciones familiares y relaciones laborales por frecuentes faltas de habilidades para responder ante los comportamientos de unos con otros. Haber entendido esto a tiempo me libró, a diferencia de otros compañeros, de ser despedido de un empleo, lo que en aquel entonces me hubiera ocasionado serias dificultades económicas.

El director de esa empresa adoptaba muchas actitudes contrarias a las actitudes empresariales necesarias para hacer que la corporación creciera a mejores niveles, crecimiento que requería con urgencia. Persona de trato difícil, muy cerrada a escuchar sugerencias de mejoría, veía al personal más como un gasto necesario que como un equipo capaz y deseoso de mejorar la situación de la empresa. Yo percibía que acercarse a esa persona con este fin podría ser un acto suicida hablando en términos laborales, pero a la vez intuía que no podría durar mucho tiempo en el puesto si se manejaba como lo hacía. Por consiguiente, decidí evitarlo y hacer mi trabajo imprimiéndole la mayor calidad posible para disminuir el riesgo de "ponerme en su mira" y de que me despidiera con cualquier pretexto. En efecto, sucedió lo que suponía y meses después nos informaron que esa persona había salido de la empresa. Varios compañeros de entonces, en verdad valiosos, que perdieron su empleo de manera dolorosa por no haber generado en el momento oportuno una serie de respuestas hábiles que los hubieran protegido de un despido injusto y humillante, hoy podrían seguir trabajando en ese lugar que cambió radicalmente de ambiente con la nueva dirección.

¡Miles de relaciones interpersonales importantísimas en la vida de las personas, sobre todo relaciones familiares que se han roto causando fuertes estragos en todos los involucrados, podrían haberse mantenido y enriquecido con sólo prestar un poco más de atención a su habilidad de respuesta ante las diferencias naturales entre unos y otros!

Tal vez algunos piensen que esta actitud de buscar siempre estar y sentirse cada vez mejor puede ser muy egoísta o evasiva, pero en realidad es todo lo contrario. Si, por ejemplo, me hace sentir mejor que la relación con mi hijo o pareja sea de un diálogo abundante, sabroso, interesante y divertido, y hoy me siento mal porque no es así, tomo la decisión de promover cambios en mi ambiente familiar al cambiar mis actitudes por unas que faciliten ese tipo de diálogo.

Si un comerciante observa que están cayendo sus ventas y esto lo hace sentir mal, busca nuevas formas de atraer y retener clientes que aumenten sus ingresos y su sensación de estar mejor.

Una actitud egoísta o una de evasión jamás podrán hacer sentir mejor al ser humano. Son dos maneras muy claras de incapacidad para responder a las múltiples situaciones que la vida nos presenta a todos.

El mundo es un ente continuo de transformación. La geografía del planeta es diferente de la de hace apenas diez años y mucho más aún de la que fue hace cincuenta siglos. Es obvio concluir que seguirá transformándose en otra geográfica en los años venideros. Los climas, territorios, fauna y flora de hoy serán otros mañana. Todo es cambio. Y la ciencia y el paso del tiempo han evidenciado que son los organismos con estructuras más sofisticadas los que sufren más cambios más rápidos. La persona humana es la que corona el mayor grado de complejidad y sofisticación en su constitución. Tiene todos los recursos para poder adaptarse a los cambios inherentes a la evolución propia de la Naturaleza, a la vez que puede provocar transformaciones voluntarias e inteligentes en su medio ambiente que le permitan vivir con salud, equilibrio y crecimiento por muchos años. Parece increíble que el ser humano, a pesar de ser el rey de la creación y de su potencial desarrollador, muestre en su mayoría actitudes inapropiadas para los cambios inevitables que el mundo y su gente viven; con esto consigue más su autodestrucción que su evolución. Tiende a generar, en muchos de los casos, actitudes egoístas, violentas, ilógicas, irresponsables, machistas o apocadas ante lo que les sucede, actitudes que manifiestan su escasa voluntad para cambiar. No es que quiera ser pesimista, pero si atendemos a las actitudes habituales que muestran millones de personas en su diario vivir y a las que se aferran, ¿qué encontramos?

- Cuando a alguien se le descompone su automóvil en una calle con gran carga vehicular, ¿cuántos conductores deciden apearse para ayudarle en oposición a cuántos se incrustan en la bocina de su vehículo?

- Cuando alguien se burla de manera hiriente de un compañero o compañera de clases, ¿cuántos de los demás ríen a carcajadas en oposición a cuántos se levantan a detener la burla?

- Cuando se piden voluntarios para hacer una obra benéfica para el medio ambiente, ¿cuántos se apuntan con entusiasmo y cuántos se hacen los desentendidos?

- Cuando se tiene que poner un hasta aquí a la sobrecarga de trabajo que algunos jefes imponen a sus colaboradores sin ningún tipo de consideración, ¿cuántos están dispuestos a hacer un escrito con argumentos sólidos para frenar ese abuso en oposición a cuántos conservan una actitud de que mejor así la dejamos porque no nos vaya a ir peor?

- Cuando suena el teléfono o la alarma que anuncia que ha llegado un nuevo correo electrónico a nuestra computadora, ¿cuántos continúan atentos a su actividad programada y cuántos se sienten impelidos a contestar?

- ¿Hoy encontramos mayor o menor número de relaciones interpersonales que perduran, llámese como socios comerciales, como parejas o incluso como amistades?

- ¿Hoy sentimos más o menos confianza de salir a la calle?

- ¿Nos suena común y hasta nos reímos con aprobación de la frase "cuanto más conozco a las personas, más quiero a mi perro" que un inspirado maestro de actitud positiva formuló algún día?

Y ¿qué es lo que evidencian estas actitudes? ¡Intolerancia al cambio! e incapacidad de adaptación a todas las cosas que se salen de nuestras rígidas maneras de ver la vida.

No olvidemos que la actitud es una predisposición. Sólo con el buen uso de nuestra imaginación y con congruencia podemos intuir acontecimientos hacia el futuro. Si de antemano sé que mis hijos van a dejar de ser niños y entrarán en una etapa que también sé que es complicada en un medio ambiente que me doy cuenta de que está bastante enrarecido, puedo prepararme desde ahora, en su niñez, al generar una actitud más abierta y receptiva a la enseñanza que muchos psicólogos y sociólogos actualizados pueden proporcionarme. Así, cuando lleguen a la adolescencia, podré responder con habilidad a esa etapa y conseguir que nuestra relación no se deteriore. O bien, si me percato de que en un futuro próximo los empleos dejarán de ser como durante años han sido en cuanto a cantidad de prestaciones, permanencia y estabilidad de un puesto y, en vez de manifestar actitudes paralizantes de preocupación e indefensión, puedo abrirme a otras que me permitan aprender cómo ser un valioso elemento contratado por honorarios (*outsourcing*). Así, cuando llegue el momento tendré habilidad de respuesta con la cual podré continuar creciendo en lo profesional y lo económico.

Una vez presentaba un curso de manejo de prioridades y hablaba de las enfermedades graves provocadas por un continuo *distrés* (que significa estrés nocivo) surgido por sobrecargas de trabajo. Una joven de unos veintiocho años de edad pidió la palabra para compartir con el grupo que un año atrás había sufrido un infarto, del cual se sentía muy orgullosa pues demostraba su compromiso con la empresa para la que trabajaba y su pasión por su actividad...

En su libro *Los siete hábitos de la gente altamente efectiva*, el doctor Stephen R. Covey expresa que las personas somos libres para elegir lo que haremos en cada momento de nuestra vida, pero lo que no podemos elegir son las consecuencias naturales derivadas de nuestras elecciones. Puedo elegir una actitud de trabajar más allá de los límites, pero lo que no puedo elegir es que me dé un infarto.

## La ventaja competitiva

Querido lector o lectora, en tu proceso de maduración del puesto de director general de tu empresa Yo es importante observar a tu "competencia" para saber qué está haciendo y qué resultados obtiene con lo que hace para de ahí poder sacar ventaja competitiva. Ahora el trabajo práctico que te sugiero que lleves a cabo durante los próximos tres días es el de ser un atento observador de las actitudes de tus competidores, cualquier persona que se cruce en tu camino, sobre todo con las que más contacto tienes. Al final de los tres días realiza un cálculo aproximado del porcentaje de actitudes apropiadas en oposición a actitudes inapropiadas que observas que manejan. Después contesta estas preguntas:

a) ¿Qué porcentaje de actitudes apropiadas observé?

b) ¿Qué porcentaje de actitudes inapropiadas percibí?

c) ¿De qué tamaño es la brecha entre ambas actitudes?

d) ¿Qué repercusiones probables pueden aportar a la vida de las personas que observé las actitudes que suelen adoptar?

Para asegurarnos de que adoptamos siempre las actitudes más apropiadas, debemos verificar si se trata de actitudes de empleado o de empresario. Conozcamos en qué consisten en nuestro siguiente tema.

## EMPLEADO CONTRA EMPRESARIO

Es bastante común conceptualizar a un empresario como el propietario de algún negocio y a un empleado como la persona a quien el empresario contrata para que trabaje en su negocio.

Valdría la pena comprender con más exactitud ambos conceptos.

Empleado es cualquier persona que se ocupa en algo.

Con esta simple y clara definición descubrimos que los seres humanos, sin excepción, somos empleados pues todo el tiempo nos ocupamos en algo.

- El director de una escuela está empleado en hacer que su escuela funcione lo mejor posible.

- La enfermera se emplea en aliviar las penurias de los pacientes.

- El agente de bienes raíces se emplea en hacer estrategias de ventas de casas y edificios.

- El niño se emplea en sacar sus juguetes y ponerse a jugar.

- El oficinista se emplea en llenar formularios y preparar informes.

- El estudiante universitario se emplea en hacer su tesis de graduación.

- El ama de casa se emplea en mantener su hogar en condiciones agradables.

- El perezoso se emplea durante horas interminables en ver televisión o hablar por teléfono...

Empresario es el director de la empresa que, con responsabilidad propia, reúne los factores de la producción y los dispone con arreglo a un plan, para obtener su mayor rendimiento.

Esta otra definición deja ver que los seres humanos, sin excepción, podrían ser empresarios, pues cuentan con los recursos necesarios para serlo, pero no todos se deciden por ello.

Analicemos la definición por partes, con la esperanza de que cambie nuestra actitud y nos ubiquemos en la vida como auténticos empresarios.

# El empresario es el director de la empresa

Todos tenemos una empresa y se llama Yo. ¿Cuándo será que por fin nos demos cuenta de lo que esto significa? ¿Cuándo haremos a un lado nuestras fantasías de que algún día llegará un Mesías a resolver todos nuestros caprichos a nuestra entera satisfacción, de tal manera que nunca tengamos que bajarnos del pedestal en el que utópicamente nos hemos colocado, consistente en una vida con sólo comodidades y nada de esfuerzos, sacrificios y penurias?

Todo nuestro ser grita porque lo pongamos a trabajar con esfuerzo para alcanzar retos significativos. ¡Fue diseñado para eso!, pero no puede solo. Necesita la dirección de alguien y ese alguien somos tú y yo.

Cada vez que renunciamos a dirigir nuestro sistema empresarial a la consecución de objetivos estimulantes, como lograr una determinada condición física, conseguir la estabilidad económica, reconciliarnos con alguien muy importante para nosotros, aprobar con excelencia un examen, lograr influir en otros para disminuir su agresividad y muchos retos más, lo decepcionamos de tal forma que se enferma. Éste es el único medio que encuentra para rebelarse del trato injusto que le damos.

Cuando, por ejemplo, nos echamos en el sofá durante horas interminables día tras día a ver programas que son un insulto a la inteligencia y dignidad humanas, el organismo entero se rebela ante semejante tortura, produciendo una cantidad desmedida de células grasas que empiezan a invadirlo por completo y aletargan al sistema inmunológico, a la vez que nuestra pobre mente, tan continuamente atormentada, empieza a generar una serie de pensamientos y creencias tan grotescos y absurdos que son de llamar la atención.

Lo escrito hasta este momento y lo que queda por escribir del libro tiene el propósito de motivar al lector o lectora a asumir su rol de director.

Millones de personas se quejan de faltas de oportunidad en la vida, pero ¿es que acaso hay alguna oportunidad más grande que la de ocupar tan excelentísimo puesto en una empresa de incalculable valor?...

## Con responsabilidad propia

Hay quienes pierden la cabeza porque un mesero, en forma accidental, les salpica con un poco de salsa su camisa, en tanto que otros, a quienes con dolo, alevosía y ventaja les quiebran un pie, reaccionan diciéndole al agresor que lo perdonan y no le guardan resentimiento.

¿A quién le puedo achacar la culpa de cómo decido responder a lo que me sucede? ¡Soy responsable de mí responsabilidad!

¿Hasta dónde somos capaces de reconocer nuestra responsabilidad de cómo estamos y cómo nos sentimos con nosotros mismos? Sabemos que, de acuerdo con las leyes naturales, para mantener nuestro cuerpo lo más saludable posible deberíamos practicar ejercicio vigoroso tres, cuatro o cinco días por semana, alimentarlo de manera balanceada, darle de seis a ocho horas de buen dormir, etcétera. Todos lo sabemos, sí, pero ¿cuántos lo hacemos?

También estamos al tanto de que la consecuencia natural de un cuerpo descuidado es que con el paso del tiempo lo más probable será que se enferme y, aun así, ¿cuántos nos ocupamos de atenderlo como debe ser?

Los hospitales de nuestro país no tienen capacidad para atender a la gran cantidad de empresas Yo que llegan con dolencias graves y todos los días en las noticias o en comentarios individuales se expresa lo nefasto de sus servicios. Incluso muchos de los pacientes internados tienden a quejarse amargamente de las atenciones que reciben… Pero ¿qué porcentaje de los pacientes hospitalizados con problemas de salud serios están ahí porque nunca quisieron asumir la responsabilidad de su propia salud?

Me atrevo a pensar que más de la mitad de ellos:

- Antes de provocarse la diabetes no quisieron cuidar su consumo de alimentos, además de controlar su mal genio.
- Antes de provocarse infecciones sexuales no quisieron asegurarse de con quién se relacionaban.
- Antes de provocarse el cáncer, no quisieron dejar de ser rencorosos ni renunciar al consumo de tabaco.
- Antes de provocarse cirrosis, no quisieron dejar de beber alcohol en exceso.

…Y nuestra ceguera llega a tal grado que todavía nos quejamos del trato inadecuado que a veces recibimos cuando estamos hospitalizados.

Aquí es muy importante aclarar que no todos los casos de estas y otras enfermedades fueron causados por un manejo imprudente e irresponsable de la vida. Por desgracia, muchos, debido a una transfusión, a una experiencia traumática, a un alimento contaminado, a un sistema inmunológico que por causa desconocida se colapsa, etcétera, se encuentran en un estado precario de salud.

Si analizamos otros aspectos fracasados de la vida, como la soledad, la bancarrota, el desempleo y muchos más, ¿cuántos asumimos la responsabilidad de lo que hicimos o dejamos de hacer para llegar a ello?

## Reúne los factores de la producción

Una empresa que no tiene materia prima para procesar es una entidad paralizada. Y para la empresa Yo la materia prima es toda la que "recogen" nuestros sentidos del medio ambiente.

La cantidad de materia prima que está a nuestra disposición del medio ambiente —y mucha de ella en forma gratuita— es ilimitada. Podemos conseguir información sobre casi cualquier asunto que nos interese en particular y mediante el cual desarrollemos a nuestra empresa Yo.

Si, por ejemplo, soy propenso a la diabetes, existen cientos de páginas en internet que brindan datos de primer nivel para disminuir el riesgo de contraer esta enfermedad. Además, disponemos de folletos, revistas, grupos y asociaciones a los que me puedo acercar, sin costo alguno, que enriquecen aún más lo que ya conozco y cuanto más y mejor información tengo de algo, mejores decisiones puedo tomar al respecto.

Si me interesa en especial hacerme de un patrimonio económico, a través de las mismas fuentes de internet, libros especializados y *chats*, entre otros recursos, puedo adquirir un aprendizaje riquísimo que, sabiéndolo manejar, me dará buenas ganancias. Libros de tiempo atrás como *El hombre más rico de Babilonia*, de George S. Clason, o *Piense y hágase rico*, de Napoleón Hill, se encuentran por veinte pesos en las librerías de segunda mano. En ellos se habla, de manera sencilla y divertida, de los principios más elementales para construir un patrimonio abundante. En fecha reciente quien se ha hecho multimillonario es Robert T. Kiyosaki, con su libro *Padre rico, padre pobre*, en el que habla de los mismos principios de salud financiera y con la misma amenidad con que lo hiciera Clason. Y en el futuro alguien escribirá sobre el mismo tema con otra historia cautivante y hará también fortuna... ¿Serás tú el autor de ese libro, querido lector o lectora?

Podría extenderme cientos de páginas para describir una multitud de fuentes de información de gran valor para cada área del interés y del quehacer humanos, pero no es el propósito de este libro. Sólo dejo unas pistas para que nos demos cuenta de inmediato de que ya no existe tal cosa como la falta de información y la falta de oportunidades. Estar bien informado abre las oportunidades y éstas, cuando son aprovechadas, amplían el espectro de información.

## Los dispone con arreglo a un plan

Además de la materia prima, la empresa requiere maquinaria, equipo y personal capacitado para procesarla en forma adecuada. La mente dispone "la cantidad de ingredientes" que extraerá del cerebro y los acomoda de acuerdo con un plan que pretende satisfacer una necesidad o un deseo; luego entrará en acción el cuerpo físico, el cual se pondrá en funcionamiento siguiendo instrucciones recibidas.

Llama mi atención escuchar las conversaciones que surgen en las reuniones sobre diversos temas de salud, económicos, políticos, sociológicos, de globalización, pobreza, drogadicción, de la familia, los deportes y la religión.

Casi todos, por sus comentarios, aparentan saber con exactitud cuál es la solución a cada una de las dificultades que provocan estos asuntos. Más que opinar, parece que de su boca salen decretos irrefutables y que el mundo entero está tan mal porque no les ha hecho caso. Lo curioso es que muchos de ellos no practican el deporte sobre el que opinan, nunca han ido en pos de la realización de alguna tarea política, están atrasados en los pagos de su tarjeta de crédito y nunca han vivido en un ambiente social diferente de aquel en el que nacieron. Una cosa es que todas las empresas Yo tengamos acceso inmediato y fácil a datos relevantes sobre cualquier tema y otra muy diferente es saber filtrarla, limpiarla, depurarla hasta quedarnos con el "diamante" de la misma y ocuparnos de pulirlo. En el nivel superficial todos podemos opinar y sugerir lo que se nos ocurra sobre cualquier aspecto y así se nos puede ir la vida entera entrampados en el autoengaño de las apariencias (aparento "saber" de algo, pero, con honestidad, ¿realmente "sé" de ese algo?).

Como directores nos dedicamos a limpiar la materia prima que recibimos, apoyados, desde luego, por nuestro equipo.

Así, podemos dejar el diamante en bruto de la información listo para ser procesado por medio de nuestras acciones que terminarán por convertirlo en una piedra preciosa visible y de utilidad para todos.

## Para obtener su mayor rendimiento

Todo el proceso debe terminar en un resultado específico. Si el empresario (director general) "compró" la materia prima correcta, la almacenó adecuadamente en su bodega cerebral, dio órdenes precisas a su mente para construir las imágenes apropiadas y mandó al cuerpo a actuar con congruencia con la imagen, obtendrá el resultado que esperaba o uno mejor aún.

Pero para lograrlo el director no hizo trampa. No descuidó ninguna parte del proceso, ni pasó a la siguiente cuando no era el momento. Respetó las leyes naturales inherentes al proceso y vigiló de cerca que ninguno de los miembros de su equipo se indisciplinara. Un director así es digno de toda la confianza y nunca tiene por qué irle mal en el desarrollo de su empresa, aun en medio de las peores crisis ambientales. Un director así demuestra que sus actitudes son actitudes empresariales auténticas.

Por tanto, podemos concluir que el factor que hace que alguien pase de ser empleado a ser empresario es la actitud que adopta en cada momento de su vida ante los retos que debe afrontar.

Existen sólo dos tipos de actitudes:

*a)* Empleado con actitud de "empleado".
*b)* Empleado con actitud de "empresario".

Así las cosas, hay:

- Directores de empresas con actitud de empleados y directores de empresas con actitud de empresarios.
- Mamás con actitudes de empleadas y mamás con actitudes de empresarias.
- Estudiantes con actitud de empleados y estudiantes con actitud de empresarios.
- Personal de servicio doméstico con actitud de empleado y personal de servicio doméstico con actitud de empresario.

- Médicos, abogados, ingenieros, banqueros, programadores… con actitud de empleados y médicos, abogados, ingenieros, banqueros, programadores… con actitud de empresarios.

## A manera de conclusión

No es lo que me pasa en la vida lo que determina si es exitosa o un fracaso. Es, más bien, cómo decido interpretar y, en consecuencia, actuar ante lo que me pasa lo que lo determina. En realidad, casi todo depende de mí.

Analicemos ahora algunas de las actitudes empresariales que se reflejan a través de las conductas de los directores sobresalientes.

### ACTITUDES OBSERVABLES DE LOS EMPRESARIOS DIGNAS DE IMITARSE

A continuación analizaremos algunas conductas de los "directores-empresarios" *(a)* con las que logran resultados superiores contra conductas de los empleados sin sentido empresarial *(b)*.

a) *Son forjadores de alternativas.* Cuando asume la actitud empresarial, el director general tiene la vista, el ingenio y la determinación puestos en lograr los resultados que sabe que serán trascendentales para su empresa. No condiciona o limita su disposición a actuar a las limitaciones que otros seres humanos o las condiciones del medio ambiente le imponen.

*Mi padre*: a veces sólo con el paso de los años nos llegamos a dar cuenta con lucidez fulminante de los grandiosos maestros que la vida nos obsequia para deshacernos de cualquier excusa que pudiera llevarnos a autojustificarnos por no lograr resultados trascendentes. Y esto es lo que hoy experimento con respecto a mi padre. Él era médico otorrinolaringólogo maxilofacial. Trabajó incontables años en un hospital de la Cruz Verde, que recuerdo que en aquel entonces se decía mitad en broma, tres cuartas partes en serio, que ahí llegaban los casos que ni la Cruz Roja recogía. Tuve la oportunidad de acompañarlo varias veces siendo niño y en verdad el grado de daño en muchos de los hospitalizados era indescriptible. Ese hospital era el monumento viviente al sufrimiento y a la pobreza humanas. Había casos en los que los heridos debían ser intervenidos quirúrgicamente en forma extraurgente y los médicos se topaban con que el almacén del hospital no tenía gasas en ese momento. Por supuesto, el instrumental quirúrgico era insuficiente e incluso inadecuado para poder realizar ciertas operaciones delicadas. De todos los huesos que tiene el ser humano, los más frágiles y delicados son los huesecillos del oído y con frecuencia mi padre debía operar este órgano. Cansado de esperar que hubiera presupuesto para poder comprar los instrumentos especializados, mi padre seleccionaba en el departamento de ferretería de las tiendas de autoservicio de los años 1960 y 1970 una serie de desarmadores, martillos, clavos, tornillos y algunos fierros más. Ya en casa, durante horas incontables de amorosa dedicación, con su caja de herramientas los convertía en los instrumentos que hicieron recuperar función y estética a muchos oídos de personas que no podían pagar un peso por ello. Era común ver a albañiles y peones seriamente lastimados de la cara al caerse desde dos y tres pisos de altura (podía decirse de cualquiera de ellos: "¡Este amigo sí que se rompió la cara por su trabajo!"). Con alambres de diferentes calibres y con el material más rudimentario con el que podía contar, hacía que en pocos meses una cara desfigurada no sólo quedara recuperada, sino también en el aspecto estético la dejaba "mejor que la original". (Reconozco que algunas personas tendemos a magnificar cualidades de otras, sobre todo si ya no están físicamente entre nosotros y además nos fueron muy cercanas. Podría ser que esto me sucediera al compartir este ejemplo, pero con sólo volver a ver las fotografías de aquellos pacientes en el estado en que llegaron al hospital y cómo salieron, puedo confirmar que no exagero en lo absoluto.)

b) *No buscan alternativas.* Por el contrario, quien asume la actitud de empleado no ve ni promueve ni le interesa en realidad abrirse alternativas para lograr resultados trascendentes. Parece como si le hiciera un favor a la vida por existir. Busca con un mínimo esfuerzo obtener un máximo de beneficios y si no ocurre así, arma un escándalo digno de telenovela o bien, deja abandonado un compromiso adquirido con anticipación. Es el artista inflado de fama a quien, si no le cumplen todas sus excentricidades el día de su evento, deja plantados a cientos de espectadores. Es la señora que no sale a cenar con su marido si no es a un restaurante de cierto nivel de reconocimiento o el marido que acude molesto a un evento social organizado por las amistades de su esposa. Es el empleado que sólo hace lo que le ordenaron y que está estipulado en  su contrato o el empleador que sólo busca la  manera de pagar menos a las personas contratadas sin fijarse si han tenido un alto desempeño o no, etcétera.

a) *Aplican todos sus conocimientos y experiencias sin reservas a sus actividades.* La actitud empresarial del director general le permite darse cuenta de que cuanto más se da y se entrega, más y más se recibe. Al vivir en un universo en el que no existen "vacíos", cuando una persona "se vacía" por medio de su trabajo o servicio, es decir, se desprende y entrega a los demás toda su experiencia adquirida, conocimientos y habilidades, de modo irremediable vuelve a ser llenada por más y mejores conocimientos, más y mejores habilidades. Imaginémosla como un río que nace con un caudal ligero, pero que al estar "abierto" con constancia a recibir el agua que baja de las montañas y soltarla hacia el inmenso mar, ésta va haciendo que su caudal se ensanche y profundice, convirtiéndose en una poderosa vena de vida para la naturaleza. Siempre existe más agua de la que un caudaloso río, por más que se ensanche, es capaz de recibir.

*Teresa de Calcuta*: no existe ni existirá una sola persona en esta vida que simpatice al cien por ciento de la humanidad. Si hace las obras más prodigiosas, tendrá siempre a sus enemigos y detractores y si hace las obras más aberrantes, tendrá a sus grandes admiradores y seguidores. Si al Perfecto en bondad y amor lo crucificaron, ¿qué podemos esperar los demás? Y Teresa de Calcuta no fue la excepción; sin embargo, sólo los que quieren permanecer ciegos se negarán a ver su impresionante obra de amor desinteresado, servicio social eficiente y dedicación sin límite ni condiciones para conseguir un resultado trascendente. Teresa se "vació" por completo en un lugar olvidado de la Tierra y con las personas más desposeídas: hambre de muerte, enfermedad, desolación, intemperie, analfabetismo... Sus recursos económicos para ocuparse de su "proyecto" eran nulos. No empezó su obra buscando quien la acompañara. Lo único que tenía a manos llenas era su ser lleno de conocimiento y experiencia de vida de servicio y eso fue lo que entregó hasta la última gota. La Madre Teresa se volcó de manera completa e incondicional a socorrer a un primer ser humano; hoy hay cientos de albergues regados por el mundo entero dedicados a dar atención amorosa a menesterosos y desposeídos necesitados de alimento, compañía y atención médica, sin importar su raza, género, religión, color ni historial de vida.

b) *Son avaros.* Por el contrario, la actitud de empleado tiende a ser bastante tacaña. Ocultan herméticamente su experiencia y conocimientos acumulados y sólo sueltan a cuentagotas pequeñas dosis cuando no les queda más remedio que hacerlo. "¿Por qué le voy a decir y enseñar lo que a mí me costó tanto tiempo aprender?", "Si le digo lo que sé, es capaz de quitarme el puesto", "Sé que podría resolver mucho más rápido y mejor el reto, problema o proyecto que me asignaron, pero no me conviene porque me darían nuevas responsabilidades" son frases que, aunque no las expresan, sí sostienen en sus pensamientos las personas poseídas por esta actitud. Son como una pequeña laguna que no permite que salga ni entre más agua y "agua estancada es agua que se pudre".

a) *No se preocupan por la retribución*. La actitud empresarial del director general lo hace ocuparse de los asuntos que para él tienen la mayor importancia sin interesarle en realidad qué grado o porcentaje de retribución recibirá por ello. Vive inmune al mortífero virus de la preocupación. Sin embargo, esta actitud en absoluto significa que sea ingenuo o mal negociador. Pero como sus obras o servicios hablan por él (recordemos que en "Lo obvio que no es tan obvio", en el capítulo 2, vimos que el medio ambiente le responde de acuerdo con lo que él ha creado como su realidad), rara vez tiene que preocuparse por gastar su energía en cobranzas, pleitos o discusiones, y es que los demás perciben que tienen mucho que perder si quieren "pasarse de listos" con él, pues con dificultad encontrarán en el mercado una calidad similar a la que ofrece. Además, vale la pena recordar que esta actitud empresarial se circunscribe no sólo al ámbito del trabajo y los negocios, sino también a cualquier campo de la vida humana, ¡hasta en la vida espiritual-religiosa!

*Carlos*: viví muchos años en una ciudad de la provincia mexicana. Ahí tuve el privilegio de conocer y entablar una sólida amistad con Carlos, arquitecto destacado, estratega extraordinario, visionario en lo político, lo económico y lo empresarial fuera de serie. Hombre de honorabilidad y rectitud de conducta incuestionable, además de habilísimo negociador. Varios personajes de gran influencia en los mundos de la política y los negocios se acercan a él para ofrecerle puestos o negocios sustanciosos y con toda serenidad y consistencia los rechaza. Él se propuso, entre otras obras sociales y civiles, detectar parques abandonados en vecindades de la ciudad que son terreno fértil para el pillaje y el abuso sexual y convertirlos en parques de gran belleza arquitectónica y con motivos culturales como fuentes y monumentos de nuestra rica historia nacional, que son una delicia y un orgullo para los vecinos. Un día que pude compartir con Carlos, me invitó a que conociera uno de estos parques remodelados. Al ver cómo se acercaban algunos de los vecinos a saludarle y observar sus miradas de agradecimiento, comprendí por qué a mi gran amigo le tienen sin mayor cuidado las jugosas ofertas de trabajo que recibe. No creo que exista fortuna más grande que la de sentir el agradecimiento sincero que sale del corazón de alguien que fue beneficiado de manera importante sin que se espere de su parte más que cuidado, protección y valoración de lo que se le entrega para su bienestar. Aunque Carlos nunca me lo ha dicho, sospecho que el motivo principal que lo impulsa a llevar a cabo este tipo de obras es recordarle permanentemente a personas de condiciones socioeconómicas y culturales limitadas que son seres humanos con una dignidad infinita y que jamás deben sentirse inferiores a nadie, por mucho poder, influencia, cultura o riqueza que tenga.

b) *Son metalizados.* Por el contrario, la actitud del empleado es muy metalizada o convenenciera. "Nadie resiste un cañonazo de cincuenta centenarios", "El que no transa no avanza", "Te están viendo la cara, se aprovechan de que no les exiges que te paguen más", "Yo que tú me cambiaría porque en x lugar trabajas mucho menos y ganas mucho más" son pensamientos o expresiones habituales de las personas atacadas por esta actitud. Lamentable, muy lamentable es que una enorme cantidad de películas taquilleras exhibidas en nuestras pantallas muestren a los "héroes", galanes, "líderes inspiradores", promotores del orden social, prominentes hombres de negocios o profesionales exitosos como personajes expertos en actitudes de empleados: hábiles para robar, asesinar, seducir, beber y chantajear, mal nutridos, trasnochados, con serios conflictos familiares, rebeldes... De por sí ya vivimos en un ambiente donde se respira bastante apatía cuando se trata de hacer las cosas cada vez mejor y, si la persona lo hace, tiende a anteponerse un interés monetario. Si a esto le agregamos el que películas de este tipo confirmen en la mente de las personas que tener actitudes de empleados es el medio para lograr el éxito... ¡uff!

a) *No tienen la barrera psicológica de sentirse "empleados".* La actitud empresarial del director lo hace sentirse "ciudadano del mundo"... ¡porque lo es! Por tanto, ya sea al lavar un baño de su casa, o poner en la basura una cáscara de plátano en Siberia, o proponer nuevos entretenimientos mientras cumple sentencia en el Cereso o comprar nueva maquinaria para su industria, lo hace con un sentido de propiedad, cuidado y empeño "como si fuera suyo". Todos sabemos que casi siempre cuidamos mucho más lo que nos pertenece. La actitud empresarial crea una relación de reciprocidad entre el medio ambiente y la persona que la posee: "Yo pertenezco al mundo y el mundo me pertenece". ¿Qué se logra con esta actitud? Una inmediata aceptación de todo tipo de personas de diferentes culturas y lugares; sentirse como en casa a dondequiera que se vaya; un diálogo fácil con personas cuya existencia desconocíamos un minuto antes y que al despedirnos pareciera como si fueran viejas amistades; capacidad de disfrutar diferentes culturas, religiones y tradiciones sin necesidad de establecer comparaciones nocivas y un sentido de compromiso inmediato por el orden y bien comunes.

*Juan Pablo II*: lugar al que iba, lugar donde se hacía "uno con ellos". Interesado en verdad en la vida y costumbres de las ciudades, pueblos, comunidades o asentamientos humanos que visitaba. A pesar de ser un hombre profundamente convencido de sus creencias religiosas, en ningún lugar que visitó buscó imponerlas como condiciones únicas de salvación de los hombres. No había para él límites ni fronteras, por lo que con su aguda inteligencia, talento político, claridad absoluta sobre los derechos humanos y prodigioso don de gentes, promovió y provocó cambios importantísimos y favorables en tan delicados asuntos. Podía disfrutar sin límites tanto una simple taza de té en medio de un grupo de personas muy humildes, como grandes banquetes en palacios llenos de personalidades de influencia mundial. Incluso muchos de sus detractores no podían dejar de reconocer su calidad de "hombre de mundo".

b) *Se aíslan*. Por el contrario, la actitud de empleado hace sentir a la persona aislada de todo y de todos. Ejemplos son el empleado que checa tarjeta a la hora de entrada y de salida, cumple mecánicamente sus funciones y no le preocupa si la corporación para la que trabaja pasa por dificultades económicas o de competitividad; el hijo a quien sólo le importa que sus padres le den permiso y dinero para irse de "antro", sin preocuparse por aliviar su angustia cuando no les llama a una hora en que sabe que los dejaría tranquilos; el turista u hombre de negocios que se dedica más a criticar y comparar que a aceptar y respetar diferentes formas de vivir la vida; el político y gobernante que quiere imponer "sus leyes civiles" como las leyes civiles universales; el sacerdote o el rabino que "atacan" y sentencian la decisión de un fiel de su congregación porque decide, después de profunda reflexión, cambiar sus creencias, entre otros.

a) *Rara vez culpan al medio ambiente por lo que les sucede.* A los directores generales les queda muy claro que culpar al medio ambiente por las condiciones en las que se encuentra su empresa es una pérdida de sus preciosos y limitados recursos de tiempo y energía. Saben que culpar al medio no resuelve en nada su situación; incluso comprenden que, cuanto más culpan, más se atan las manos con pesadas cadenas para moverse en dirección a una mejoría sustancial de la situación.

*Anónimo*: en viaje de trabajo por la provincia mexicana tuve la fortuna de convivir unos días con una persona bastante joven que me confió parte de su historia de vida, la cual representó un ejemplo aleccionador. Durante años se involucró en el consumo de drogas y alcohol y el grado de descomposición de su conducta lo orilló a que en ocasiones lo encerraran en lugares donde tratan como bestias salvajes a los que ahí llegan. En un momento dado, algo en su interior lo hizo decidirse a dejar de una vez y para siempre toda la basura con la que contaminaba a "su empresa". Varias personas que viven esta situación se pronuncian en algún momento de igual manera, pero noventa por ciento de ellas recae. Ésta se encuentra en el feliz diez por ciento restante. Pero la lección que me dio no fue tanto tener la fortaleza de carácter para renunciar a lo que destruía su vida, sino la forma tan auténtica, transparente y honesta en la cual reconocía que fue su entera responsabilidad haberse involucrado en ello. No se justificó con el pretexto que suele aducirse: "la influencia de sus amistades", pues, me expresaba, ello hubiera sido falso y una muestra de debilidad de carácter. Me compartió también cómo había quedado afectado de por vida su estado de salud y cómo cualquier recaída le llevaría, de manera irremediable, a un pozo profundo, sin salida. Pero, insisto, lo más sorprendente para mí de todo lo que me contaba era la extraordinaria sencillez y franqueza con la que hablaba de su persona: sin exageraciones, sin expresiones dramáticas y sin tonalidades de héroe o víctima. Todo esto me lo comentaba después de haber terminado el trabajo que la vida nos regaló la oportunidad de compartir. La forma tan profesional y esmerada con la que desempeñó sus labores fue tan destacada que al final del evento se llevó un aplauso estruendoso de los asistentes (algo que no recuerdo que me hubiera sucedido). Mientras fue mi apoyo en las sesiones no tenía la menor idea de los retos tremendos que había afrontado y superado en su vida. Otro ejemplo de su sencillez y discreción lo noté cuando me compartió que a veces le llaman para pedirle ayuda cuando alguien tiene una crisis por problemas similares; entonces, deja de inmediato lo que está haciendo para atender esa necesidad, pero nadie conoce la razón tan humanitaria por la que sale. La personificación de la difícil frase "Que tu mano derecha no se entere de lo que hace la izquierda" cobró vida en esta maravillosa persona a quien tuve el privilegio de conocer.

b) *Se victimizan.* Por el contrario, la actitud del empleado le lleva a gritar a los cuatro vientos que su empresa Yo padece las penurias que la aquejan por culpa de lo que sucede en el medio ambiente: a veces su familia, otras su equipo de trabajo, algunas más el vecino o el agente de tránsito, por supuesto siempre la crisis económica, en los últimos años la inseguridad social (¡aaaggghhh!). ¿No te parece muy triste, compañero lector o lectora, que los programas de televisión con mayor *rating* son justo los que resaltan y fomentan esta pervertida actitud? ¡Buaahh! En ocasiones algunas personas llegan también a asumir el papel de víctima al negarse a sí mismas un sincero reconocimiento a sus esfuerzos genuinos por haber logrado algo de importancia. ¿Su frase favorita?: "Todo se lo debo a mi mánager". Falsa humildad es vanidad.

a) Saben escuchar y comunicarse con claridad y respeto.

*"Todo lo que nos irrita de los demás nos puede llevar a un mejor entendimiento de nosotros mismos."*

**Carl Jung**

En particular importante para un director general es entender y aplicar los principios que rigen en la comunicación para lograr múltiples beneficios en su vida y su empresa. Dado que la comunicación es uno de los problemas evidentes que más aquejan a la humanidad, valdría la pena hacer un análisis un poco más profundo de este vital asunto. La comunicación, definida en forma simple y llana, es el trato o correspondencia entre dos o más personas.

Por consiguiente, no es algo que se da una vez y se acaba; más bien, es un proceso.

Si bien la comunicación se entabla a través de diferentes medios, el más enriquecedor de todos es el diálogo (plática entre dos o más personas que en forma alternada manifiestan sus ideas y sus afectos).

El director con actitud empresarial tiene muy claro en su mente que cada persona percibe de distinta manera cualquier estímulo que viene del medio ambiente (ver la sección "El *software*" de la empresa", en el capítulo 2)... ¡incluyéndolo a él mismo!

El esquema de la página siguiente muestra el proceso de la comunicación.

## Proceso de la comunicación

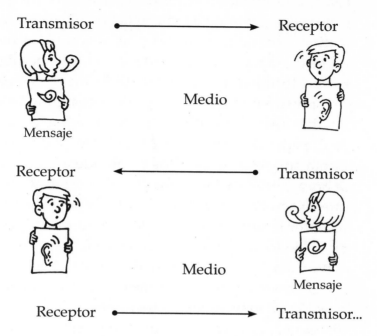

Hasta llegar a:

- Una conclusión
- Un acuerdo
- Un entendimiento
- Una compenetración
- Un nivel superior de conciencia

Por tanto, con frecuencia solicita a todos los que le rodean, sobre todo a las personas con quienes tiene mayor trato y convivencia (su pareja, sus hijos, sus hermanos, sus padres, sus colegas, sus amigos más cercanos), una retroalimentación franca y sincera acerca de cómo perciben ellos muchas de sus conductas y las decisiones que toma y que a todos ellos afectan. Entiende a la perfección que si no recibe este tipo de información y la acepta sin justificación de ningún tipo, su visión de la realidad quedará muy limitada y con ello perderá la oportunidad de darse cuenta de muchas áreas de oportunidad que tiene para poder progresar. Al alinearse al proceso de la comunicación, ocupa el papel de transmisor para formular una pregunta simple a su receptor y aprende a mantener la boca cerrada y las "orejas bien abiertas al igual que su cerebro", para escuchar la respuesta que el receptor le proporcionará. Esa pregunta "mágica" es: "Hijo (o amigo o madre o colega), ¿qué de mis conductas (o actitudes, modos, trato, vocabulario...) observas que puedo mejorar para tener una relación (o convivencia, o incremento en ventas o disminución de costos...) mucho más saludable?" Aceptar la respuesta sin intentar justificarse le hará darse cuenta precisa de lo que puede hacer a partir de ese momento, con la ayuda de la voluntad, para modificar sus conductas o actitudes y con ello lograr en el futuro resultados mucho más benéficos en todas las áreas de su vida, sobre todo en su relación con los demás.

*Una experiencia personal*: al finalizar una capacitación que me tocó presentar a un nutrido grupo, mi ego se sentía muy envanecido por haber recibido aplausos intensos. Pero, una vez que se apagaron –para berrinche de mi ego–, un joven se acercó y con una sutileza y delicadeza sorprendentes, me ofreció que, "si no tenía inconveniente", quería hacer unas observaciones sobre mi presentación, las cuales anotó a lo largo del evento. (En una fracción de segundo mi ego pasó del berrinche al enojo: "¡¿Cómo es posible que este chamaco me venga a decir a mí que algo salió mal?!"). Pero, con una "congruente" sonrisa en los labios, lo invité a que me compartiera sus observaciones, por las cuales, muchos años después, le sigo profundamente agradecido. Una de ellas era que me escuchó decir con demasiada frecuencia la palabra "entonces" además de que no la pronunciaba bien, decía "tonces" y esto, dada la repetición, llegaba a ser cansado y un distractor de la atención. Gracias a esa valiosísima observación, entre las otras que me hizo este joven, al día de hoy, años después, casi cada vez que viene la palabra "entonces" a mi boca, de manera automática pongo énfasis en el "*en*tonces".

b) *No se comunican.* Por el contrario, la actitud de empleado hace que la comunicación, y en específico el diálogo, se conviertan en las armas asesinas de una comprensión, de un acuerdo, de un entendimiento o de una aceptación de "lo que es". La persona infectada con esta actitud está gobernada por su descontrolado ego que le hace creer que siempre tiene la razón y "¡ay de aquel que piense lo contrario!"… Creo que ésta es una de las desgracias más grandes que azotan a la humanidad y si cada uno de nosotros quisiera darse cuenta de las consecuencias tan funestas que aportamos a la vida de los demás cuando nos aferramos a nuestra razón como si fuera la verdad absoluta y se las queremos imponer, con seguridad caeríamos fulminados al piso de vergüenza y de dolor al comprender en forma cabal el daño que les causamos…

En el proceso de la comunicación lo que hace una persona con actitud de empleado es imponer

206 | Guillermo Gánem

sus ideas o comentarios; sólo tiene a los demás frente a sí como objetos en los que pueda descargar su ansia de "verborrea"; si alguno de sus receptores está ya cansado y desesperado de tanto bombardeo, ni cuenta se da y si se da cuenta, no le importa; si alguien quiere opinar algo, puede ser interrumpido con rapidez (y aquí, lamento expresarlo, pero cada vez que interrumpimos a alguien es lo mismo que decirle "¡Cállate!", aunque de manera sutil), o no sólo interrumpido sino también violentado, ¡simplemente porque no comparte el mismo punto de vista! Esto último provoca una ruptura en la relación. Desde luego, las personas no tenemos que estar totalmente de acuerdo con el parecer de los demás, pero eso no significa que debamos imponer el nuestro o, peor aún, juzgar, criticar y condenar la vida de otros por nuestra soberbia que nos hace creer que somos "dioses" y conocedores absolutos del bien y del mal... ¡Tremenda carga que nos echamos encima al decidir ser nosotros los que determinemos quién se salva y quién se condena de acuerdo con sus propias, únicas, particulares y válidas maneras de experimentar la vida! "¡Eres una idiota!", "¡Mejor ya cállate, dices puras tonterías!", "Debiste haber hecho así o asado" son, entre muchas otras, frases que evidencian que nos sentimos dueños de la verdad absoluta.

A veces, el rechazo a aceptar puntos de vista diferentes es más sutil y no por eso menos perjudicial y se demuestra cuando dejamos de prestar atención a los comentarios, sugerencias y opiniones que nos quiere compartir nuestro interlocutor, una vez que "lo dejamos hablar". Fingimos que le prestamos atención, pero en realidad en nuestro interior estamos concentrados en otros asuntos mientras el transmisor habla y para que no sospeche que no le prestamos atención, en ocasiones movemos afirmativamente la cabeza o lo miramos o hasta le llegamos a preguntar algo que se nos ocurre en el momento en que pescamos alguna frase de su diálogo para hacer más creíble nuestro fingimiento. Otra forma que puede tomar la actitud de empleado en la comunicación es la de "víctima", estrategia que utilizamos cuando nos vencemos incluso antes de intentar una sana comunicación: "Mejor me quedo callado, para lo terco que es", "Quisiera decirle x cosa, pero me preocupa que lo vaya a malinterpretar y se ponga furiosa, mejor me aguanto", "¡Ni loco se lo digo!", etcétera.

Por supuesto que habrá ciertas ocasiones en las que el carácter de una persona muestra que sería inútil, riesgoso y hasta temerario intentar una comunicación armoniosa: si tenemos sospechas bien fundamentadas de que las intenciones de la otra persona no son saludables, o sabemos que es hiperreactiva a cualquier observación, o constantemente evade el tema que se quiere tratar con ella, podremos perder algo más que el tiempo al intentar una comunicación de este tipo. Algunos dirán que ése suele ser el estilo de comunicación de sus jefes o de sus mismas parejas y que se sienten "atrapados" o imposibilitados para salir de esa forma nociva de comunicarse. Por un lado es muy cierto que algunas personas ejercen cierta autoridad sobre nosotros, como pueden ser los jefes, los padres, la pareja, los proveedores o los funcionarios públicos y que abusan de su rol para someternos a su voluntad muy en contra de la nuestra por atentar contra nuestra integridad básica. Pero, por otro lado, muchos, por no incomodarnos, evitamos acercarnos con amabilidad y delicadeza, pero a la vez con claridad y firmeza, a pedir a nuestro interlocutor que aprendamos a llevar una comunicación más respetuosa y armoniosa para el bien de todos, haciéndole ver (como sucedió con mi "tonces") que un cambio de su actitud aliviaría gran parte de la tensión prevaleciente en el ambiente y con ello se producirían resultados muy favorables para todos. Muchas de las personas que se comunican así lo hacen porque nadie les ha dicho, enseñado o sugerido una forma diferente y mejor; si alguien lo hiciera, estoy convencido de que la mayoría procuraría realizar un cambio de inmediato porque, en última instancia, lo que menos querrían esas personas es perder una valiosa relación, algo que la ignorancia les podría ocasionar. En los casos extremos en que no es posible implantar un cambio de actitud en pro de la comunicación y por voluntad propia (o por temor) no se está dispuesto a alejarse de la relación, lo que tenderá a suceder es que, cuanto más tiempo pase junto a ella, más daño emocional y psicológico se acumulará hasta que explote... Esto es difícil de aceptar, pero cierto y fácil de observar...

Una experiencia muy dolorosa pero a la vez intensamente iluminadora: enviudé después de cumplir diecisiete años de casado. Puedo decir que tuve el privilegio de haber sido profundamente amado por mi esposa, a pesar de los "N mil" desacuerdos, discusiones o enojos que se presentaron en nuestro matrimonio (algo excepcional para como son los matrimonios, ¿verdad, matrimoniado lector?), porque me lo dejó dicho en un escrito. Sin embargo, al ver hacia atrás y al poder aprender muchas cosas que ignoraba de las relaciones interpersonales gracias a mi trabajo en la empresa Franklin Covey, especialista en estos temas, en fecha reciente descubrí con un dolor intenso que cerca de setenta por ciento de mi tiempo de relación matrimonial lo viví aferrado a una actitud de empleado: sabía imponer mi razón a su razón, tenía la astucia de contestar a sus sugerencias de mejora justificando mi nula disposición al cambio con "rollos mareadores", terminaba por rebatir varias de sus ideas originales y de sus gustos... ¿De qué me di cuenta ya tarde? Al querer imponer mi razón y mis intereses y negarme con frecuencia a ver los suyos, evidenciaba que buscaba convertir a mi esposa en un espejo (es decir, un objeto) lo más plano y pulido posible para que me viera yo y me escuchara yo mismo en él. Si lo aceptaba así, me sentía bien, o sea, me amaba sólo a mí mismo; pero si en algo difería, entonces empezaba mi malestar, porque "el espejo" dejaba de reflejar la imagen mía de la que estaba enamorado. Sin darme cuenta sufrí por muchos años el efecto de la fábula de Narciso. ¿Cuál fue la consecuencia de esta actitud?: mi esposa tenía una simpatía, una chispa, un don de gentes, gustos e ideas muy únicos de ella que yo no quise ver ni, por tanto, conocer y disfrutar, a diferencia de familiares y amigos que la "dejaban ser" y, en consecuencia, gozaban con su presencia. No supe valorar cuando era posible su talento, sus dones y sus gustos que estaban destinados a ser compartidos sobre todo conmigo y los cuales se llevó a la tumba ya sin tener yo esa oportunidad. Me di cuenta de que una buena parte de mi vida matrimonial la pasé "casado conmigo mismo"... Insisto en el punto de que, a pesar de esto, fuimos un matrimonio bastante feliz y bien avenido, pero hoy sé que, de haberme manejado con una actitud empresarial en mi comunicación en él, la riqueza de nuestra vida conyugal hubiera sido muchísimo mayor y ésa es la parte iluminadora que me queda de esta experiencia. Aprendí una lección vital de enorme importancia. Aunque la ignorancia no evita el daño, yo no conocía otra manera de comunicarme con ella y, por tanto, era inevitable que algo así sucediera. Pero ahora que ya lo sé y que estoy al tanto de las consecuencias que produce, me es mucho más fácil ser receptivo y comprensivo a los puntos de vista de otros que, aunque a veces son manifestados de maneras bastante agresivas, ya no caigo con tanta facilidad en seguir imponiendo mis razones (esto no significa que no las defienda con fundamentos, siempre y cuando los demás estén interesados en escucharme; si no, me las guardo y a otro asunto). Una de las consecuencias más significativas y saludables en mi vida debidas a este cambio fue poder ser más receptivo a las ideas de mis hijos y, a pesar de estar en fuerte desacuerdo con muchas de ellas, no les impongo ya las mías, a la vez que no dejo de manifestarles el profundo amor que les tengo.

*Tendemos a reaccionar negativamente ante los que difieren de nosotros, cuando nos creemos dueños absolutos de la verdad.*

**G.G.**

# A manera de conclusión

Quisiera concluir este capítulo con una reflexión referente al tema que hemos analizado: la comunicación humana. La reflexión me la comparte un hermano que por motivos de su trabajo debe tratar a diario con personas de diversas culturas, creencias y opiniones de todas partes del mundo:

Si siempre aplicásemos el examen del "triple filtro" de Sócrates cuando hablamos de alguien, tendríamos un mundo muy feliz.

El primer filtro de Sócrates es el de la verdad: ¿estás absolutamente seguro de que lo que vas a decir de alguien es cierto?

El segundo filtro es el de la bondad: ¿es algo bueno lo que vas a decir de esa persona?

El tercer filtro es el de la utilidad: ¿me servirá de algo saber lo que vas a decir de esa persona?

Si lo que deseas decir no es cierto ni bueno e incluso no es útil, ¿para qué querría saberlo?

Este capítulo termina con dos ejercicios que te sugiero los realices en el orden en que están. El primero es un cuestionario verificador de actitudes –de empleado o de empresario– que te ayude a ubicarte con objetividad en cuanto al manejo de tus actitudes. El segundo es una serie de prácticas que te permitirán aplicar tu actitud empresarial. Te sorprenderás en forma muy grata del resultado que te producirán si los realizas con la actitud correcta.

# Cuestionario verificador de actitudes

## ¿Empleado o empresario?

Como en todos los ejercicios y cuestionarios que se sugieren, en la medida en que contestes con la mayor honestidad posible, con más claridad y exactitud sabrás cómo te encuentras ahora con tus actitudes. Si tienden a ser de empleado en su mayoría, lo importante es tu oportunidad de hoy hacia tu futuro de efectuar los cambios que está en tu poder llevar a cabo. Además, ya cuentas con información para saber cómo hacerlos. ¡Ánimo! "La vida es muy breve para vivirla con pequeñez" (B. Disraeli).

**Instrucciones**

Rodea con un círculo el número que más te identifique con la respuesta, donde:

1 equivale a "Rara vez"

3 equivale a "Con cierta frecuencia"

5 equivale a "Casi todo el tiempo"

1. Cuando se me presenta un reto que no puedo resolver de inmediato o después de unos cuantos intentos, ¿renuncio a él?

    1    2    3    4    5

2. ¿Me cuesta trabajo compartir información valiosa con los demás? ¿Me siento vulnerable o como si perdiera algo al hacerlo?

    1    2    3    4    5

3. ¿Me invaden pensamientos de cuánto ganaré o me pagarán esta semana, quincena o mes por lo que estoy trabajando?

    1    2    3    4    5

4. Cuando alguien me debe algo, ¿no deja de dar vueltas esto en mi mente?

    1     2     3     4     5

5. ¿Siento una genuina preocupación acerca de la marcha de la compañía en la que trabajo, sea cual sea mi situación particular en ella?

    1     2     3     4     5

6. ¿Siento un genuino interés por la situación famiiar, sea cual sea mi situación particular en ella?

    1     2     3     4     5

7. ¿Pienso y comento que mucho de lo que me sucede, bueno o malo, se debe a causas externas a mi persona?

    1     2     3     4     5

8. ¿Me cuesta trabajo sostener una conversación con alguien poniéndole mucha atención y sin interrumpirlo?

    1     2     3     4     5

9. ¿Siento que por lo general la razón está de mi lado?

    1     2     3     4     5

10. ¿Me siento atacado cuando alguien quiere sugerirme una mejora?

    1     2     3     4     5

Si marcaste 3 como respuesta en alguna(s) pregunta(s), es un indicador de alerta para empezar a poner más atención a tus actitudes, que tienden a inclinarse hacia las de empleado.

Si marcaste 4, esto indica que ya es importante trabajar con tus actitudes, que muestran con más claridad ser las de empleado.

Si marcaste 5, es una señal contundente de que es urgente que trabajes con tus actitudes de empleado para cambiarlas a actitudes de empresario.

En la medida en que más respuestas estén comprendidas a partir del 3, mayor indicativo será de la necesidad inminente de cambiar la actitud de empleado hacia la actitud de empresario.

# Prácticas de actitud empresarial

1. *a)* Plantea la pregunta *¿Qué es lo que observas de mis conductas que sientes que debería mejorar y por qué?* a tres familiares muy cercanos a ti, por ejemplo: tu cónyuge, un hijo y un hermano, así como a tres personas que no pertenezcan a tu familia, pero con quienes debes convivir mucho, por ejemplo: tu jefe, un subalterno y un colega.

   *b)* Acepta escuchar sin justificaciones las respuestas (sería ideal que las escribieras).

   *c)* Crea, de manera consciente, imágenes visuales de cómo te perciben estas personas en el presente y luego cambia esas imágenes por otras, suponiendo que ya hiciste mejoras a tus conductas.

2. *a)* Ofrécete con una sonrisa a hacer en tu casa durante siete días algo que sabes que de manera habitual rechazas y que de hacerlo dejarías sorprendidos positivamente a tus familiares (sacar la basura, ordenar la ropa, lavar los platos, barrer la calle, preparar la cena y limpiar la cocina, entre otras tareas).

   *b)* Toma conciencia de cómo te sientes y de cómo se sienten los miembros de tu familia justo en esos momentos.

   *c)* No esperes retribución alguna por ello, ni siquiera las gracias. (Si te las dan, qué bueno; pero si son indiferentes… ¡también qué bueno! Recuerda que eres tú el que se propone fortalecer su actitud empresarial, no ellos.)

3. Ofrécete a sentarte durante una semana en el comedor de tu empresa con alguien con quien nunca has conversado y proponte conocerlo en esa hora de convivencia. Motívalo a que sea quien hable más de su vida y experiencias y evita por completo hacer juicios, dar consejos o expresar advertencias ante sus comentarios.

4. Un día de cada quince levántate muy temprano y lava el automóvil de alguno de tus vecinos sin que se entere. (Recuerda que la actitud empresarial lleva a hacer acciones saludables, en apariencia fuera de contexto, pero orientadas a obtener resultados extraordinarios.)

# 4 El director general de la empresa Yo debe ser un inversionista habilidoso

## El detonador de los cambios

*Lo que haces habla tan fuerte de ti, que no puedo escuchar lo que dices.*

**Emerson**

Todo el proceso de la vida interior de la empresa Yo se manifiesta al exterior mediante las acciones que realizamos día a día y momento a momento.

Desde que nuestra empresa Yo fue introducida en la dimensión del tiempo de modo irremediable se ha visto sujeta a llevar a cabo una sucesión continua de acciones y mientras sigamos vivos dentro de esta dimensión, tenemos la certeza de que el proceso continuo seguirá hacia nuestro futuro hasta la acción postrera: nuestro último suspiro.

Dado que las acciones están sujetas a la ley física de "acción-reacción", según como cada persona lleve a cabo sus acciones, éstas a su vez le producirán resultados por completo en línea con ellas.

El hecho de que la vida de algunas personas termine en la bancarrota no se debe, por lo general, a algún acontecimiento trágico repentino e inesperado, sino que es el resultado de una serie de acciones, una tras otra, en apariencia insignificantes en su consecuencia aislada, pero que unidas a lo largo del tiempo culminaron en un estrepitoso colapso existencial: el primer cigarrillo, el primer trago, la primera desatención hacia un ser querido, el primer día que dejamos de practicar ejercicio, la primera "pinta" de la escuela, el primer rebase de límite de crédito, etcétera, no provocaron el cáncer o enfisema pulmonar, el alcoholismo, el divorcio, el infarto, el desempleo, la orden de desalojo, ¡en absoluto! Estos resultados tan dramáticos se deben a una sucesión continua de acciones de estas características.

Es triste, pero muchos tienen "miopía hacia el futuro"; son aquellos que no ven las consecuencias de no asumir el rol de director general de sí mismos; sólo les importa la acción inmediata con la consecuencia inmediata, pero sin la proyección a futuro. Tienen abandonado a su equipazo empresarial. Con su voluntad peligrosamente adormecida, no amplían su nivel de conciencia, para poder darse cuenta de la velocidad a la que van rumbo a estrellarse contra el muro del fracaso; su miopía y pequeñez de nivel de conciencia les impiden ver la ley de la "satisfacción presente, destrucción futura":

- En lo inmediato es muy placentero aspirar el humo del cigarrillo, pero con el tiempo se termina por aspirar un tanque de oxígeno.

- En lo inmediato es muy placentero no efectuar el trabajo complejo de la oficina, pero con el tiempo es desesperante no encontrar un empleo bien remunerado.

- En lo inmediato es muy placentero quedarse dormido una hora más abrazando al osito de peluche en la madrugada que levantarse a practicar ejercicio, pero es menos agradable con el tiempo abrazar un electrocardiograma, angustiado por ver que su gráfica no termine por marcar una línea horizontal.

- En lo inmediato es muy placentero no tener que ampliar el vocabulario para expresarnos con mayor claridad, pero con el tiempo es triste ver cómo se nos cierran las oportunidades de conocer personas con riquísimas experiencias de vida y mejores ofertas de trabajo.

Cabe hacer notar que una acción aislada de este tipo rara vez derrumba la vida de alguien; el llamado de atención se dirige a la continuidad de las acciones. Hablaremos más de ello al abordar el tema "Momentum".

*Dios perdona siempre, el hombre a veces, la naturaleza... nunca.*

**Anónimo**

Por otro lado, la persona que al final de su vida termina plena de satisfacciones y de paz en su corazón tuvo amplia conciencia del valor de cada una de sus acciones y de la brevedad del tiempo que le tocaba vivir en esta dimensión temporal. Reconocer y en ningún momento olvidar la cortedad de su existencia le llevó a ser la mejor inversionista de su tiempo; con mayor exactitud, la más consciente de llevar a cabo acciones de alto valor en cada momento, día con día.

Recuerdo a uno de mis compañeros y amigos de mi época universitaria que cuando se armaba un día de fiesta en viernes o sábado y pasábamos por él, lo veíamos sentado ante su escritorio, muy concentrado haciendo tarea y trabajos. No podían evitarse los típicos comentarios burlones de *nerd* o "aplicadito", pero a él le tenían sin cuidado. Además, era muy bueno también para divertirse a la hora que tocaba la parranda. Su dedicación a prepararse fue constante y lo condujo a convertirse en uno de los grandes financieros de nuestro país.

Debe haber sido una persona mayor quien acuñó la frase "más sabe el diablo por viejo que por diablo". Si la comprendiéramos desde que somos jóvenes, con seguridad gran parte de nuestra manera de actuar sería distinta. Curiosamente eran nuestros viejos los que con mayor desesperación nos gritaban: "¡Cambia, cambia, que no es por ahí!", y muchos, pero muchos años después algunos terminamos por decir: "¡Ah!, ahora entiendo lo que los viejos buscaban que comprendiera". (Sí, amigo lector o lectora, sé que en este momento estarás en desacuerdo conmigo. Tu argumento será que es lógico y natural que cuando éramos jóvenes necesitábamos vivir nuestras experiencias y darnos unos buenos golpes para aprender y madurar. Eso es muy cierto. Pero el problema es que en la actualidad todo se ha llevado a tal relativismo que hasta las acciones más imprudentes, inconscientes –y por ello más peligrosas por el daño irreversible físico, moral, psicológico y emocional que pueden ocasionar– que los jóvenes realizan son incluso aprobadas por los adultos, por las instituciones y ¡hasta por los padres!

Si somos honestos, veremos que ya se desdibujaron los límites que se deben respetar para no correr el riesgo de sufrir consecuencias fatales. Es casi surrealista haber llegado a tal grado de indiferencia y descuido en la orientación de la juventud –pretextando apertura mental– que la señal que de continuo le enviamos con nuestras acciones y comentarios pareciera ser la de "Bueno, que se mate pa' que aprenda, ¿qué se le va a hacer?" Y no se trata de sobreproteger al joven –¡qué error tan grande!–, sino sólo de hacerle ver que los adultos no estamos tan faltos de conciencia para habernos vuelto también incapaces de saber con claridad cuáles son los límites que no deben transgredirse para no poner en serio peligro la vida humana. De esta manera, el muchacho, hoy ciego, terco y rebelde, pero muy inseguro de sí mismo, sabrá el día de mañana dónde hay un lugar al cual asirse y que le brinde seguridad a su integridad personal. Y ¿quién puede dársela si no es un adulto consciente de los límites?

El adolescente que evidencia su grado de inmadurez con sus acciones imprudentes –de muchas de las cuales en el fondo él mismo se asusta– lo que más aprecia y anhela es tener el resguardo que le puede brindar el seno familiar, siempre y cuando en él sean muy claros los valores por respetar y acatar, así como los límites que no deben transgredirse y que observa que en su hogar se respetan, aunque en lo superficial despotrique contra ellos. ¡Por ello es que regresa a él, tarde o temprano!, cuando comete un número suficiente de acciones irreflexivas con las que termina por autoinfligirse dolores insoportables. Regresa porque su naturaleza lo impulsa a puerto seguro y, aunque no lo exprese verbalmente, agradece con todo su ser que en su familia se marquen con claridad esos límites que deben respetarse con contundencia, y ahí se respetan. Su mejor protección –lo sabe bien en su interior– es la seguridad que proporcionan dichos límites.

Podría apostar que no existe un solo adolescente en el mundo que, con una capacidad mínima de raciocinio, responda de manera positiva a preguntas como si le gustaría que sus padres fueran infieles, corrieran a toda velocidad en sus automóviles, se pasaran los altos, se pusieran "hasta atrás de borrachos" –aunque no fueran ellos los que manejaran, respetando la norma ciudadana–, fueran reconocidos por la vulgaridad de su lenguaje, renunciaran a su fe, salieran a la calle con el calzón de fuera, insultaran y se le "pusieran al brinco" a las autoridades. Asimismo, podría apostar a que no les gustaría, es más, hasta se decepcionarían de ellos si no les llamaran la atención porque los expulsaran de la escuela por conductas inadecuadas, llegaran borrachos o drogados, decidieran que no le encontraban sentido a estudiar ni a trabajar, se pelearan con violencia entre hermanos, o si los sacaran de la cárcel por haber infringido la ley, creyendo sus alegatos mentirosos de inocencia, etcétera. ¡Gracias a Dios por los letreros en las carreteras que ordenan que sin discusión demos vuelta a la derecha o la izquierda!, pero ¿será que, como hoy están las cosas, también a ellos los tomemos en un futuro próximo como algo relativo?

Perdona esta larga pausa antes de clarificar la frase sobre la sabiduría del diablo, pero consideré importante poner en un contexto y una perspectiva actuales la evolución del adolescente por medio de sus acciones en el ambiente social que hoy parece prevalecer. Prosigamos.

Creo que la razón de obtener más sabiduría y mejor discernimiento con el paso del tiempo se debe sencillamente a que los adultos hemos llevado a cabo muchas más acciones y hemos experimentado muchas más consecuencias que cuando éramos jóvenes. Es simple aritmética. Las veinticuatro horas de cada día que vivimos se convierten, con carácter irrevocable, en acciones que debemos realizar minuto a minuto, segundo a segundo. Si tenemos ochenta años de edad, la cantidad de experiencia acumulada gracias al mayor número de acciones efectuadas, con sus consecuencias respectivas, es mucho mayor. Por eso el consejo de un viejo tiende a ser un consejo más sabio. ¡Ah!, pero siempre y cuando esa persona adulta se haya esforzado por no dejar de expandir su nivel de conciencia con el paso del tiempo, porque, de haber renunciado a ello, sería una mente pequeña en un cuerpo viejo.

¡Ay de aquella sociedad en la que se deje de respetar y valorar a los adultos que ganaron sabiduría y discernimiento con sus acciones! ¡Ay también de aquel país en el que las acciones de sus adultos demuestran que perdieron la noción o el interés por preservar y respetar los límites que, de sobrepasarlos, ponen en riesgo la integridad nacional! Los "viejos conscientes" saben por dónde transitar, son como brújulas para las nuevas generaciones que buscan abrirse paso con ímpetu. Sin esas brújulas, la probabilidad de que se extravíen en el camino es enorme. Por algo los discursos de clausura en la graduación de los jóvenes universitarios suelen darlos personas mayores. Y por lo general sus sermones son escuchados con mucha atención y aprecio. ¿Por qué? Porque el joven se ve reflejado en ese personaje que con sus acciones logró los evidentes resultados tan positivos que quedan como patrimonio para la sociedad: una gran industria que da trabajo a cientos de personas, un nuevo medicamento que salva la vida de miles, un discapacitado que logra nuevos derechos constitucionales.

Una de las experiencias más terribles que los mexicanos vivimos fue cuando en el informe del entonces presidente Vicente Fox fue interrumpido con frecuencia, insultado y objeto de burlas por muchos miembros de la Cámara de Diputados. Fue funesto que se insultara a la figura presidencial, que no hubiera consecuencias fuertes proporcionales a la gravedad del insulto a la figura nacional más relevante, que los padres que presenciamos ese desastre en compañía de nuestros hijos comentáramos que se lo merecía o, lo que es peor, que permaneciéramos indiferentes ante tan devastador acontecimiento. Pero, como ya mencioné, este resultado no fue fruto de una acción aislada, sino la consecuencia de muchas acciones realizadas por numerosos paisanos, hiladas una tras otra, para concluir en esa catástrofe. ¿Qué sucederá hacia el futuro? Serán las subsiguientes acciones que cada uno emprenda, en el diario transcurrir, las que determinarán ese futuro. Si esa experiencia (llamémosle la respuesta de nuestro medio ambiente) no nos deja una lección preocupante y dolorosa que ilumine nuestra conciencia, será muy probable que el curso de las acciones seguirá el mismo rumbo nefasto para poner las cosas cada vez peor.

## A manera de conclusión

No estoy muy de acuerdo con la frase popular de que "nunca es tarde". La verdad es que para muchas cosas sí lo es y habría que aceptarlo con serenidad, como esa persona que decidió y logró arrancarse del alcohol y las drogas, aunque muy consciente de que ya es demasiado tarde para recuperar su salud perdida por las acciones equivocadas de su pasado. Sin embargo, estoy totalmente de acuerdo con la frase "empieza ¡ya!, antes de que se pierdan más oportunidades, relaciones, salud, riqueza de las que quizá ya hayas perdido". De tal modo, con la esperanza de estar ya con un nivel de conciencia más amplio en relación con nuestras acciones, pasemos a analizar cómo invertimos o gastamos nuestro tiempo, según las acciones en las que decidimos involucrarnos a su paso. Antes te invito a que realices el ejercicio que te presento a continuación, el cual te ayudará a darte cuenta de cómo son las acciones específicas llevadas a cabo de manera consistente, las que construyen, destruyen o reconstruyen la vida de las personas.

# Detector de acciones específicas

Una habilidad más que un exitoso director de empresa debe tener bien desarrollada es la de predecir, en la medida de lo posible, el futuro de su empresa. Tiene dos formas de hacerlo; veamos cuáles son.

Una es ir de atrás hacia adelante, lo cual significa que deberá hacer pronósticos apoyado en datos surgidos en el pasado y que quedan registrados en documentos como cierre de ejercicios fiscales, números de altas y bajas de personal, nuevos clientes conseguidos, acuerdos operativos con autoridades locales, etcétera, y, de acuerdo con ese pronóstico, realizar una estimación de cuánto podrá crecer su empresa durante el siguiente ejercicio fiscal.

La otra es ir de adelante hacia atrás e implica definir en el presente lo que se quiere lograr en un periodo sin considerar datos pasados, de manera que ese resultado determine las acciones que se deben realizar desde hoy para su éxito.

Con eso en mente, desglosa en un cuaderno las acciones que intuyes que estas personas llevaron a cabo a lo largo de mucho tiempo para encontrarse en la situación que se describe de su presente, o bien, para las que se describe el resultado que esperan alcanzar en su futuro, define las acciones que intuyes que deberían realizar para lograrlo.

## Persona 1: Hiponcio Bebides

Su estado presente: vive en un pequeño cuarto de una casucha, separado de su esposa y de sus tres hijos, debe dos meses de renta y padece agruras y taquicardia.

Escribe de quince a veinte acciones específicas del pasado de Hiponcio que intuyes que fueron las que lo condujeron a esta realidad presente.

## Persona 2: Vivaracha Futura

Vivaracha quiere ganar la beca que ofrece la Universidad de las Oportunidades, para estudiar la carrera de Controladora de Tráfico en ciudades conflictivas. Tiene catorce meses para conseguirlo.

Escribe de quince a veinte acciones específicas que intuyes que Vivaracha debería llevar a cabo consistentemente durante los próximos catorce meses para obtener la beca.

## Persona 3: Prudencio Clarines

Su situación presente: tiene treinta y un años de edad. Felizmente casado desde hace nueve años. Ocupa el puesto de gerente de ventas de una compañía farmacéutica. Mientras que a varios de sus compañeros los liquidarán en las próximas semanas, a él le han ofrecido tomar la dirección de ventas en Chile; le ofrecen el doble de ingresos, además de cubrir la colegiatura de sus dos hijos en una de las tres mejores escuelas de la capital, la membresía en un club deportivo y el pago de la renta de su casa-habitación en una bonita zona residencial. El papá de Prudencio era plomero y murió hace tres años. Su mamá es maestra de primaria en una escuela oficial.

Escribe de quince a veinte acciones específicas del pasado de Prudencio que intuyes que fueron las que le condujeron a esta realidad presente.

## Persona 4: Cerrata Mentata

Cerrata está "desesperada" por irse de su casa. Está harta de que no la dejen salir con su novio hasta la hora que ella quiera y fastidiada de los "rollos" que le echan sus papás por las continuas malas calificaciones que obtiene. Está ideando un plan para que en seis meses esté fuera de su casa y ¡por fin! haga lo que le venga en gana.

Escribe de quince a veinte acciones específicas que intuyes que Cerrata debería llevar a cabo con consistencia durante los próximos seis meses para ¡por fin! largarse de su casa.

## Persona 5: Cerrata Mentata

Situación presente: tiene veintiún años de edad y ha sido abandonada por su novio, quien la dejó con un bebé de siete meses. Tiene principios de cirrosis y una infección en la piel que la tiene desesperada por la comezón que le produce. Vive en una casucha a cuarenta kilómetros de la casa de sus padres y no se atreve a ir a visitarlos; teme provocarles una dolorosa impresión al verla en las condiciones en que se encuentra. No saben de ella desde que se fue de su casa hace casi año y medio.

Escribe de quince a veinte acciones específicas del pasado de Cerrata que intuyes que fueron las que la condujeron a esta realidad presente.

## Persona 6: Cerrata Mentata

Cerrata está decidida a poner una guardería con capacidad para veinte niños en un principio, con estándares de calidad cien por ciento superiores a los requeridos como mínimos por parte de las autoridades competentes en un lapso no mayor a quince meses. Además, quiere reconciliarse con sus padres. Su situación presente es la descrita en la persona 5.

Escribe de quince a veinte acciones específicas que intuyes que Cerrata debería llevar a cabo con consistencia durante los próximos quince meses para tener su guardería y un amoroso reencuentro con sus padres.

# El tiempo, ¿lo gasto o lo invierto?

*Las personas tienen más opciones de las que creen tener. Pero la mayoría de ellas gasta más tiempo planeando sus vacaciones que pensando acerca de lo que quiere hacer con su vida.*

**Bob McDonald**

¿Qué es más fácil: gastar dinero o ponerlo en una cuenta de inversión? Es mucho más probable lo primero. Se trata de una tendencia natural del ser humano a tomar el camino más cómodo y más rápido para conseguir un estado de confort permanente en su vida. De ahí la ilusión de sacarse la lotería. Y, como vimos al inicio de este libro, dejarse llevar por tal ilusión es el inicio de la bancarrota de nuestra empresa Yo, pues como directores dejamos de ser humildes y adoptamos la actitud de decir a nuestro valioso equipo de colaboradores –la voluntad, la congruencia, la pala mental, la mente, la imaginación, la inteligencia–: "¡Ya no los necesito, por tanto, están despedidos!" Y ¿qué tipo de acciones puede producir una persona así?, ¿cómo le va y cómo nos va a los demás al tener que convivir con ella?, ¿qué resultados obtiene?, ¿y los demás?

El problema muy serio no es que las personas tendamos a irnos por la gratificación inmediata, sino que nos dejamos arrastrar por esa tendencia. Esto no significa que no podamos, e incluso necesitemos, gratificarnos con regularidad, lo cual es muy sano ¡y rico! Lo inquietante es la prioridad que le damos en tiempo, dinero y grado de interés.

Datos oficiales confiables muestran cifras sorprendentes que evidencian que, en el nivel nacional, las personas tienden a invertir más recursos e interés en actividades, mercancías, alimentos y estimulantes gratificantes en lo inmediato, pero que si se abusa de ellos dañan a Yo, que en actividades, mercancías y alimentos que, de atenderse con interés a pesar del esfuerzo y sacrificio que implica hacerlo en el presente, proporcionarán beneficios enormes y continuos mañana.

La información que aparece a continuación muestra la prioridad que se dio al gasto en el nivel global en un año. Fuente: Reporte del Desarrollo Humano del Programa de Desarrollo de las Naciones Unidas; extraído de la página www.globalissues.org (última actualización de la página: marzo de 2008).

| Prioridad global | Miles de millones de dólares estadounidenses |
|---|---|
| Educación básica para todo el mundo | 6 |
| Cosméticos en Estados Unidos de América | 8 |
| Agua y saneamiento para todo el mundo | 9 |
| Helados en Europa | 11 |
| Cuidado de la salud reproductiva para todas las mujeres en el mundo | 12 |
| Perfumes en Europa y Estados Unidos de América | 12 |
| Salud y nutrición básica para todo el mundo | 13 |

| Prioridad global | Miles de millones de dólares estadounidenses |
|---|---|
| Alimento para mascotas en Europa y Estados Unidos de América | 17 |
| Industria del entretenimiento en Japón | 35 |
| Cigarrillos en Europa | 50 |
| Bebidas alcohólicas en Europa | 105 |
| Estupefacientes en el mundo | 400 |
| Gasto militar en el mundo | 780 |

Sería importante asumir nuestro puesto de dirección para analizar con objetividad estos datos y hasta dónde podemos ser una parte de las estadísticas:

Si aplicáramos la pala mental a esta información para que dejara de ser ajena a nuestra vida y la "sintiéramos" como propia, tal vez alguno de nosotros podría des-cubrir cosas "dolorosamente iluminadoras". Por ejemplo, podríamos aplicar nuestra pala mental de la siguiente manera:

- ¿Y yo cuánto dinero del que gano lo gasto en tabaco, alcohol, estupefacientes, alimentos pobres en nutrición y entretenimientos de nulo valor para mi progreso mental y social, en oposición a lo que gasto en educarme (libros de valioso contenido literario, conferencias, debates, cursos, diplomados, visitas a museos, retiros para fortalecer el espíritu, diálogos constructivos con mi familia y amigos, etcétera)?

- ¿Tal vez gasto de manera voluntaria o impulsiva el equivalente a mil pesos al mes en bebida y sesenta en desarrollar mi intelecto?

- ¿Qué nos preocupa más en realidad tanto a mis hijos como a mí: llegar a tiempo al estadio o a la escuela?

- ¿Qué defendemos mucho más en mi familia: tener al corriente el pago de las colegiaturas o el de la televisión por cable?

- ¿Podemos experimentar de manera más viva esas estadísticas cuando reconocemos que somos parte activa de ellas? ¡Sí, con sólo detenernos a analizar nuestra inversión o gasto habituales de tiempo/acciones/dinero sin justificarlo!

# Gratificación inmediata contra gratificación diferida

Como directores que buscamos que nuestra empresa crezca en el tiempo y produzca resultados cada vez mayores y mejores, debemos verificar nuestra actitud hacia la gratificación.

Existen dos tipos de gratificación: una es la inmediata que, cuando nos domina, nos lleva a obsesionarnos por conseguir satisfactores en el instante en que lo deseamos y sin poner casi ningún tipo de esfuerzo por obtenerlos.

Regidos por este tipo de gratificación, tendemos a manifestar actitudes impulsivas e impacientes. Generamos una cultura de "gasto" de tiempo y recursos contraria a la de "inversión", que termina, en el largo plazo, por quebrar a nuestra empresa.

La otra gratificación es la diferida que, cuando la asumimos, nos lleva a conseguir los deseos saludables para nuestra empresa, pero sabiendo que hay que esforzarse con congruencia para conseguirlos. Las actitudes que tendemos a manifestar al aceptar este tipo de gratificación son la paciencia, la laboriosidad, el discernimiento y la sabiduría. Generamos una cultura de "inversión" del tiempo y los recursos que hace que nuestra empresa obtenga grandes y valiosos beneficios conforme pasa el tiempo.

Podemos sintetizar la reflexión anterior de la siguiente manera:

Gratificación inmediata = Gasto = Quiebra

Gratificación diferida = Inversión = Crecimiento sostenido

Por lo que hacemos como individuos podemos observar dónde están nuestros intereses verdaderos: si en una gratificación diferida o en una inmediata.

A continuación aparecen varias reflexiones que puedes ampliar tanto como lo necesites para ayudarte a verificar tu tendencia a gastar o invertir tu tiempo.

- Digo que la corrupción política es enorme. ¿Me ocupo en ser miembro activo del partido político de mi preferencia?

- Digo que la crisis de las familias va en aumento. ¿Me ocupo en salir a una hora adecuada de la oficina para llegar con suficiente tiempo a convivir con mi familia, ayudar a mi esposa(o) a lavar platos, cambiar pañales o resolver una diferencia con mi hijo adolescente?

- Digo que la economía va en picada. ¿Me ocupo de hacer un serio estudio de mis finanzas personales y de planificar con cuidado y atención las salidas de los recursos? ¿Decido pagar primero mi saturada tarjeta de crédito, antes que comprar entradas a un espectáculo?

- Digo que mi jefe es un desconsiderado en cuanto a las horas de trabajo. ¿Hago una cita con él para expresarle cómo me siento por la cantidad extraordinaria de trabajo que me asigna? ¿Le presento un documento que le demuestre que una gran parte de las asignaciones que me da son improductivas?

- Digo que en los hospitales públicos dan un servicio pésimo, que dejan sufrir al paciente al hacerlo esperar horas o quizás hasta días para ingresarlo. ¿Tengo por escrito ya una estrategia que me lleve a dejar de consumir la nicotina que ahora consumo para evitar ser paciente de ese saturado hospital?

- Me encolerizo porque los sacerdotes, rabinos y guías espirituales de mi culto religioso son "esto" y "aquello". ¿Suelo ponerme de rodillas con el sincero deseo de escuchar lo que Dios tiene que decirme a mí, a pesar de los sacerdotes y rabinos?

Podemos llegar tan profundo como decidamos. Cuanta mayor profundidad, mayor claridad y, por consiguiente, mejor oportunidad de hacer los cambios más precisos y oportunos de nuestras acciones.

Una forma muy práctica y sencilla de analizar con gran objetividad nuestra inversión de tiempo/acciones para determinar su trascendencia en nuestro futuro es realizar un análisis de nuestra agenda semanal, como lo muestra el siguiente ejemplo.

# Agenda semanal habitual de persona X

## ¿Gasto o inversión?

| Horario | Lunes | Martes | Miércoles | Jueves | Viernes | Sábado | Domingo |
|---|---|---|---|---|---|---|---|
| 12:00 a.m. | | | | | | | |
| 01:00 a.m. | | | | | | | |
| 02:00 a.m. | | | | | | | |
| 03:00 a.m. | | | DORMIR | | | | |
| 04:00 a.m. | | | | | | | |
| 05:00 a.m. | | | | | | | |
| 06:00 a.m. | | | | | | | |
| 07:00 a.m. | | | | | | | |

Actividades laborales rutinarias ejecutadas pasivamente:

- Cumplir órdenes en el trabajo dadas por mi jefe o clientes (contestar llamadas, consultar correos, asistir a juntas a las que me llaman, empacar pedidos, promover ventas con un "rollo" recitado de memoria, atender cualquier asunto que surja de manera inesperada pero constante, etcétera.
- Hacer siempre las mismas cosas y de la misma manera sin una visión a futuro para saber hacia dónde me conducen en lo laboral (mismos ejemplos del punto anterior que, aunque los pueda realizar bien, no me producen un mejor resultado: aunque conteste muy bien el teléfono cada vez que suena y asista puntual a todas las juntas, esto no modifica mi probable actitud de "empleado". Por tanto, quizás en diez años siga igual que hoy, si no es que peor.

Actividades personales y familiares ejecutadas pasivamente:

Llevar con desgano a los hijos a sus clases de futbol, ir al súper porque nadie más lo quiere hacer, ver mucha televisión y películas, *chatear* en exceso, tener una comunicación continua con familiares y amigos que es superficial y monótona (no necesariamente aburrida), convivencia social, etcétera.

Traslado a casa. Todos los días sintonizar la misma estación de radio, llegar y saludar como siempre: "¿Cómo te fue?", "¿Qué me cuentas?"..., hablar del tránsito, de lo caro de las escuelas, de lo flojo que está el trabajo, de la nueva ley injusta de x, y, z, ver un rato de televisión en el mismo canal a la misma hora y dormir.

# Agenda semanal habitual de persona Y

## ¿Gasto o inversión?

| Horario | Lunes | Martes | Miércoles | Jueves | Viernes | Sábado | Domingo |
|---|---|---|---|---|---|---|---|
| 12:00 a.m. | | | | | | | |
| 01:00 a.m. | | | | | | | |
| 02:00 a.m. | | | DORMIR | | | | |
| 03:00 a.m. | | | | | | | |
| 04:00 a.m. | | | | | | | |
| 05:00 a.m. | | | | | | | |
| 06:00 a.m. | | | | | | | |
| 07:00 a.m. | **10 minutos** de visualización de mi futuro deseado y preparación para las demás actividades del día. | | | | | | |
| 08:00 a.m. | Actividades laborales rutinarias y no rutinarias ejecutadas **activamente (nivel en constante expansión)** | | | | | | Actividades personales y familiares ejecutadas **activamente (nivel de conciencia en constante expansión)** |
| 09:00 a.m. | | | | | | | |
| 10:00 a.m. | • Atender llamada telefónica que dé la solución más rápida y atinada al que habla, quien cuelga impactado por la experiencia. **5 minutos de visualización de mi futuro deseado.** | | | | | | **30 minutos de visualización de mi futuro deseado** repartidos a lo largo del día; acompañar a los hijos a sus clases de futbol sin usar el teléfono; ir al súper y hacer una selección no rutinaria de los víveres; escoger unos pocos programas de televisión y películas que puedan promover el desarrollo de un juicio crítico maduro de la familia, más allá de un "me gustó o no me gustó"; visitar amigos y gozar de convivencias y conversaciones enriquecedoras, **ejercicios para "mejorar mi capacidad instalada"**... |
| 11:00 a.m. | | | | | | | |
| 12:00 p.m. | • Participar en las juntas proponiendo ideas vanguardistas y realistas de manejo de tiempos de trabajo, cartera de clientes, consolidación de ventas, mejoras en la autoestima y liderazgo del personal de bajo nivel educativo. **5 minutos de visualización de mi futuro deseado.** | | | | | | |
| 01:00 p.m. | | | | | | | |
| 02:00 p.m. | | | | | | | |
| 03:00 p.m. | • Probar maneras radicalmente distintas de hacer las actividades de carácter rutinario: cambiar a media cuartilla la presentación del informe semanal que se presenta en cuatro cuartillas. La reunión de los jueves a las 4:00 p.m. en la sala de juntas hacerla los jueves a las 8:00 a.m. en el jardín y de pie. **5 minutos de visualización de mi futuro deseado.** | | | | | | |
| 04:00 p.m. | | | | | | | |
| 05:00 p.m. | | | | | | | |
| 06:00 p.m. | | | | | | | |
| 07:00 p.m. | Traslado a casa: un día escuchando mis pensamientos, otro haciendo ejercicios para fortalecer mis órganos sensoriales, otro escuchando la radio, etcétera. Llegar y preguntar con cariño: "¿Cuáles de las cosas importantes que te propusiste para hoy lograste?", "¿Cómo puedo ayudarte?"... Pedir a la familia sugerencias para resolver un reto de la oficina. Invitar a dar ideas para efectuar una actividad original, divertida e integradora el fin de semana. **10 minutos de visualización de mi futuro deseado.** | | | | | | |
| 08:00 p.m. | | | | | | | |
| 09:00 p.m. | | | | | | | |
| 10:00 p.m. | | | | | | | |
| 11:00 p.m. | | | | | | | |

Los dos anteriores son ejemplos sencillos de cómo pueden gastar/invertir su tiempo dos personas diferentes. No se trata con ellos de juzgar cuál es "el bueno" y cuál "el malo". El punto es caer en cuenta de cuál de las dos personas, x o y, tiene la mayor probabilidad de que su empresa se desarrolle en forma indefinida y cuál, de que quiebre; cuál de las dos, x o y, ocupa la dirección y genera actitudes empresariales, y cuál se desentiende de ese rol y genera más bien actitudes de "empleado".

Y tú, apreciado lector o lectora, ¿gastas o inviertes tu tiempo?

Al final de la siguiente sección encontrarás el formato "Analizador semanal de tu tiempo" en blanco por si decides invertir un poco de tu tiempo y de tus acciones para percatarte con detalles precisos de si tiendes a invertirlos o gastarlos.

Se presenta por duplicado para que en el primero analices cómo sueles ocupar tu tiempo y, si consideras que en algunos momentos del día podrías invertirlo mejor, en el segundo especifiques las acciones diferentes.

Después de que realices el ejercicio como entrenamiento, este recurso puede resultar muy útil para registrar en él las acciones clave que te llevarán a un crecimiento superior continuo.

Evita convertirlo en una simple agenda semanal para poner en ella una cantidad interminable de acciones rutinarias y de bajo valor para tu crecimiento como director. Utilízalo sólo para registrar en él acciones muy bien definidas y muy bien dirigidas hacia dicho cometido.

¡Actúa con creatividad!

# CONVERTIR EN ACCIONES
## LAS IMÁGENES DE LOS DESEOS

*El cerebro y el sistema nervioso del ser humano están diseñados como mecanismos cuya finalidad es alcanzar metas específicas. Dependiendo de cómo uses este mecanismo, trabajará a favor o en contra tuya.*

**Maxwell Maltz**

Ha sido tema central de este libro conocernos mejor para conducirnos mejor y estar y sentirnos cada vez mejor. Aunque aislados algunos de los ejercicios y dinámicas propuestos puedan parecer un tanto estrafalarios, dejan de ser interpretados de manera errónea cuando hay una explicación racional de la importancia de llevarlos a la práctica. Es hora de que el conocimiento y el entrenamiento mediante estas prácticas cumplan su cometido principal: vivir de continuo el rol magno de la empresa Yo: el de director general.

Al inicio de este capítulo mencionamos que las acciones generan las consecuencias muy favorables o de bancarrota en la vida de las personas. Ahora que sabemos por qué y cómo se llega a un resultado u otro, lo que deseamos a partir de hoy por el resto de nuestra existencia terrenal es dar la mayor prioridad a ocuparnos en las acciones que nos conduzcan a los resultados más redituables. He aquí cómo hacerlo:

Convierte la imagen mental de tus deseos más anhelados (hemisferio cerebral derecho) en acciones muy específicas que puedas anotar en tu analizador semanal de tiempo (hemisferio cerebral izquierdo) y jamás permitas que nada ni nadie hagan que esa imagen se desvanezca de tu mente… hasta que veas que tu deseo se materializa en tu nueva realidad.

Clarifiquemos lo anterior con el siguiente ejemplo. Apóyate en él para que trabajes de manera más completa el proceso de tal modo que el deseo que le pediste al Genio en el capítulo 1 empiece a formar parte de tu nueva realidad.

Deseo anhelado: reconciliarme con mi pareja y lograr que aumente en grado considerable su amor y admiración por mí.

Hemisferio cerebral derecho: crear una imagen mental nítida encaminada a ese propósito (repasa las secciones "El genio de los deseos", así como "Empezar a construir con la mente un futuro mejor") y visualizarla de manera consciente hasta que la sienta en mi interior como si ya fuera mi nueva realidad exterior.

Hemisferio cerebral izquierdo: ¿qué acciones específicas vienen implícitas en la imagen que tengo en mi mente que debo llevar a cabo con congruencia a lo largo de los primeros siete días y que puedo registrar en mi analizador semanal de tiempo?

## Algunas acciones específicas

a) Lectura especializada en comunicación interpersonal (diario de 9:30 a 10:00 p.m.).

b) Hacer ejercicio que mejore mi aspecto físico (lunes a viernes de 6:00 a 7:00 a.m.).

c) Ampliar mi vocabulario (asistir a los cursos vespertinos de la universidad estatal los martes y jueves de 7 a 8 p.m.) y evitar el uso de lenguaje ofensivo (continuo y disculparme cada vez que no pueda evitarlo).

*d)* Dejar la ropa sucia dentro del cesto de ropa (diario antes de acostarme).

*e)* Prepararme para ascender de puesto (hablar con mi jefe al respecto el próximo miércoles a las 6 p.m.).

*f)* Cambiar mi ropa vieja y desgastada (ir el sábado en la mañana a la tienda de descuento especializada en ropa).

*g)* Invitar a la casa a sus amigos que más aprecia e involucrarme en la reunión (viernes de las 8 p.m. en adelante. Prepararé la cena y ¡quedará espectacular!).

*h)* Hacer un *collage* de mi imagen mental, viéndome reconciliado(a) con mi pareja, con recortes, fotografías y dibujos y colgarlo en mi cuarto (toda la tarde del domingo)…

*i)* Invitarlo(a) a comer el miércoles, el día cuando ambos podemos.

Dado que nuestro hemisferio cerebral derecho piensa en imágenes, una actividad muy potenciadora de las que nos formamos en la mente es realizar un *collage* con recortes de revistas, fotografías y dibujos, que tengamos a la vista con frecuencia para que esas imágenes que nos refleja disparen de inmediato el recuerdo de la imagen mental de nuestro deseo más anhelado, porque a lo largo del día, con tantas presiones y actividades agobiantes, con facilidad podría irse al olvido. Es recomendable tener un *collage* colgado en nuestra habitación y otro discreto en algún espacio propio de nuestro lugar de trabajo.

De acuerdo con el difunto doctor Maxwell Maltz, científico y cirujano plástico de la Universidad de Columbia reconocido mundialmente, hemos de ocuparnos de conseguir paso a paso nuestros deseos más anhelados como un "conjuro" para que nuestros poderosísimos cerebro y sistema nervioso se alineen a nuestro favor, es decir, que no boicoteen nuestro puesto de directores. De lo contrario, si optamos por no orientarlos, nos mantendremos demasiado ocupados toda la vida padeciendo la rebelión de tan fuertes elementos de nuestra empresa.

## Acciones específicas registradas en el analizador semanal de tiempo

Para asegurarme de que ejecutaré estas acciones específicas a lo largo de la próxima semana, las registro en mi analizador semanal de tiempo.

# Analizador semanal de mi tiempo
## ¿lo gasto o lo invierto?

| Horario | Lunes | Martes | Miércoles | Jueves | Viernes | Sábado | Domingo |
|---|---|---|---|---|---|---|---|
| 12:00 a.m. | | | | | | | |
| 01:00 a.m. | | | | | | | |
| 02:00 a.m. | | | | | | | |
| 03:00 a.m. | | | | | | | |
| 04:00 a.m. | | | | | | | |
| 05:00 a.m. | | | | | | | |
| 06:00 a.m. | | | | | | | |
| 07:00 a.m. | Ejercicio | Ejercicio | Ejercicio | Ejercicio | Ejercicio | | |
| 08:00 a.m. | | | | | | | |
| 09:00 a.m. | | | | | | | |
| 10:00 a.m. | | | | | | | |
| 11:00 a.m. | | | | | | Buscar ropa en "Old new" | |
| 12:00 p.m. | | | | | | | |
| 01:00 p.m. | | | | | | | |
| 02:00 p.m. | | | Comida con mi pareja ¡Escucharla! | | | | |
| 03:00 p.m. | | | | | | | |
| 04:00 p.m. | | | | | | | |
| 05:00 p.m. | | | | | | | |
| 06:00 p.m. | | | Junta con mi jefe: ascender | | | | Hacer mi *collage* sin distraerme |
| 07:00 p.m. | | Curso en la universidad | | Curso en la universidad | | | |
| 08:00 p.m. | | | | | | | |
| 09:00 9:30 p.m. | Lectura | Lectura | Lectura | Lectura | Lectura | Lectura | Lectura |
| 10:00 p.m. | ¡Poner mi ropa sucia dentro del cesto todos los días! | | | | | | |
| 11:00 p.m. | | | | | | | |

*Deberías hacer las cosas que crees que no puedes hacer.*

**Eleanor Roosevelt**

No sé lo que opines de lo que has leído hasta aquí, generoso y paciente lector o lectora. No descarto la posibilidad de que los trabajos sugeridos, como el analizador de tiempo semanal y, más aún, la elaboración de un *collage* de tus deseos (que, por cierto, parece parte de un sueño infantil, sobre todo para nosotros, que ya estamos más grandecitos y desapegados de nuestras emociones tiernas) te parezcan ridículos, tontos, irrelevantes o inútiles. En efecto, eso parecen, sobre todo en una cultura que privilegia el activismo, o sea, estar extraordinariamente ocupado todo el día todos los días y gritarlo a los cuatro vientos para que el mundo sepa que existimos. Algo así como exclamar: "Estoy muy ocupado, luego existo"… aunque mi agobiante e interminable actividad no sirva gran cosa ni tenga el menor sentido ni trascendencia. Si conocemos el cuento de Alicia en el País de las Maravillas, muchos nos reconoceremos descritos a la perfección, representados e identificados con el señor Conejo.

Debo ser honesto contigo. Ni yo hago lo que aquí propongo con la continuidad, concentración y compromiso que debiera. A mí mismo me ataca el virus del activismo que llega a veces a enturbiar mis imágenes mentales y, acto seguido, la claridad y prioridad de las acciones específicas que me mantienen desempeñando lo mejor posible mi rol como director de la empresa que también tengo, llamada Yo. Cada vez que descuido este proceso de especificar mis acciones en mi analizador de tiempo semanal y de trabajar y mantener visible mi *collage*, mi visión optimista de la vida cambia por el pesimismo y el agobio existencial, resurgen en mí complejos aparentemente superados, me invade una necesidad compulsiva de quejarme, me da insomnio y a menudo sufro pesadillas, además de cargar con un continuo sentimiento de culpa por no haber hecho lo suficiente y no haberlo hecho tan bien como debería. Algo adicional que me provoca y que no había captado es que empiezo a sentir gran ansiedad por entrar a una plaza comercial y una necesidad casi compulsiva de comprar algo. La verdad es que cuando estoy así, me siento "¡pésimo!" en el sentido existencial.

Tal vez por ello me animo a pedirte, sin mucho derecho a ello por mi evidente incongruencia, que tengas un poco más de voluntad que yo y con ella superes el miedo a hacer el ridículo, la pereza y la tentación de atender otros asuntos primero, para realizar este trabajo que es trascendental y nada ridículo u obsoleto. ¡Es tan fácil en este mundo nuestro perderse de las cosas significativas, asfixiados por tantos estímulos del exterior, hasta tenerla noción de hacia dónde vamos y qué estamos logrando, en forma sustancial, con lo que hacemos.

¿Sabes por qué me decido a pedirte encarecidamente que lo hagas, a pesar de los pesares? Pues, ni más ni menos, porque estas actividades son las que materializan en nuestro mundo exterior todo el trabajo que hemos realizado, desde la definición de nuestros deseos, el desarrollo de nuestra percepción, la mejora de la calidad de nuestros pensamientos, el fortalecimiento de nuestras creencias y el robustecimiento de nuestras actitudes correctas de nuestro mundo interior.

La vida es un proceso continuo que termina con la muerte. Este proceso del pensamiento tan largamente explicado, acorde con la existencia, también debería ser continuo. Interrumpirlo significa acabar con su momentum, que es ese fenómeno de la vida presente pero no visible que logra las transformaciones más dramáticas en la vida de las personas, lo cual provoca que expresemos de ellas algo como "Es increíble hasta dónde ha llegado, ¿quién iba a sospecharlo siquiera?"… para bien o para mal. El analizador semanal de tiempo y el *collage* son nuestras brújulas externas (las internas son nuestras imágenes) que evitan que nos perdamos en la vida.

Creo que vale la pena conocer un poco más en detalle, de manera sencilla y práctica el tema del "momentum", aunque ya hayamos mencionado de manera indirecta algo de él en varios de los capítulos anteriores. La finalidad es concientizarnos más de esta fuerza invisible y que sea una fuente de esperanza y aliento para empezar desde donde hoy nos encontremos –sin importar cuán mal o bien estemos o cuán bajo hayamos descendido en la escalera de la vida–, a ocuparnos de nuestra existencia, de nuestra empresa Yo, con una dirección de maestría sin igual.

# MOMENTUM

*Lo que obtienes al lograr tus metas no es tan importante como aquello en lo que te conviertes por haberlas logrado.*

**Zig Ziglar**

Momentum  =  masa x velocidad

- Un carro al que le dejan de funcionar los frenos en una bajada = momentum.
- Un corredor de distancia que empieza su carrera con lentitud y en el proceso su cuerpo se va adaptando hasta que en determinado momento empieza a "fluir", sin sensación de cansancio ni de mayor esfuerzo = momentum.

- Un estudiante que comienza a hacer un trabajo de alguna de sus materias universitarias desganado por completo, pero que, a medida que pasa el tiempo concentrado en su estudio, empiezan a fluir ideas, soluciones y descubrimientos = momentum.

- Un director general de su nueva y flamante empresa Yo que pone con timidez un deseo anhelado en su mente, pero que no lo deja escapar y, si bien sus primeras acciones por alcanzarlo son tímidas, inseguras y temerosas, con voluntad sigue sin detenerse a otras y luego a otras. Tropieza y se equivoca, pero su deseo expresado en su imagen se fortalece cada vez más; entonces empieza a sentir un coraje intenso, le brilla la mirada, se vuelve a equivocar y cae de nuevo, pero la imagen cobra más vida, sus ojos más brillo, su coraje mayor intensidad. Así, se levanta con una fuerza y una energía tan fuertes, que de pronto le llega no sólo lo que deseaba originalmente, sino también beneficios adicionales de enorme magnitud, por completo inesperados, una y otra vez… = momentum.

## El enemigo mortal del momentum lo constituyen las interrupciones

Es insospechada la magnitud de los logros que podremos obtener si respetamos el proceso creador de momentum, pero, por desgracia, es muy evidente que sólo pocos lo entienden y respetan.

Muchos piensan que la neurosis colectiva que hoy se vive, sobre todo en las grandes ciudades, se debe a la sobrepoblación, el tránsito vehicular y la contaminación ambiental. Desde mi punto de vista, sin dejar de reconocer que éstos son serios problemas, no creo que sean los principales provocadores de tan "irritable" padecimiento; pienso que la neurosis la provoca nuestra incapacidad para mantenernos firmemente concentrados en nuestros deseos, proyectos y actividades; con facilidad nos desconcentramos ante cualquier obstáculo que se interponga, por mínimo que sea.

"Más importante que nuestra cantidad de inteligencia es nuestra capacidad de concentración", dijo Rosa A. Rivas, médico y psicóloga reconocida en el ámbito mundial por su inteligencia privilegiada y su sabiduría para utilizarla.

Pongamos como ejemplo algo tan simple y tan notorio como la actitud/acción que la gente adopta para controlar sus llamadas telefónicas. La próxima vez que salgas a la calle, incluso desde antes de salir de casa, observa cuántas personas, que están concentradas en una actividad que requiere mantenerse así, la interrumpen de inmediato sólo porque su teléfono empieza a sonar. Si no es posible observarlas por un largo rato, verifica cuántas veces se distraen por la misma causa. Podríamos añadir otras causas, pero dejemos sólo el lugar al teléfono. A veces me ocupo en este tipo de observación al estar en una oficina esperando ser atendido, en la sala de espera del aeropuerto o de una central de autobuses, o incluso al presentar un programa de administración del tiempo en el que pongo énfasis especial en este tema. Entonces me doy cuenta de que la mayoría de las personas, desde el primer instante en que empieza a sonar su teléfono, entran en estado convulsivo, a una velocidad de una cuarta parte de una fracción de segundo, que las lleva a ocuparse en activar el botón de contestar; dejan abandonada, a idéntica velocidad, la actividad en la que en apariencia estaban tan concentradas. ¡Excelente indicador del grado de neurosis que está latente en el medio social! En los aeropuertos, por ejemplo, antes de que me percatara de esto me preocupaba mucho, pues al estar sentado en espera de la salida de mi vuelo, de súbito veía que personas sentadas frente a mí dándome la espalda se sacudían en sus sillas como con una especie de ataque epiléptico. Pensé que habría alguna epidemia aeroportuaria que producía tan severa reacción corporal, hasta que descubrí que se trataba de la desesperación por contestar sus teléfonos, sobre todo entre la población femenina en la que, por estar tan simpático y mortífero aparatito abrigado en el fondo de sus bolsos, los movimientos frenéticos son más evidentes…

Esta actividad ha resultado valiosa en particular para mí porque enriquece mi aprendizaje en cuanto a comportamiento sociológico, que sólo me permito desatender cada vez que suena mi teléfono porque ¿qué tal si es algo importante?

De nuevo, ¡por favor, no te enojes conmigo, querido lector o lectora! Si lo deseas, no tomes de manera demasiado literal los dos párrafos anteriores. Por ejemplo, si estás ocupado en algo intrascendente por completo, o te sientes aburrido, o la desatención al evento previo al sonido telefónico no afecta nada ni a nadie, disfruta contestarlo a la velocidad que quieras; no importa. Pero ¿siempre es correcto atender las llamadas? Una vez estuve en el cuarto de un hospital acompañando a una amistad entrañable que tenía hospitalizada a su hija al borde de la muerte. Mandaron llamar al sacerdote para asistir a la joven con el sacramento de la extremaunción (rito muy importante para los que, en forma consciente, profesamos la fe católica, como me consta que es el caso de esta madre). Pues bien, en el transcurso de la ceremonia sonó su teléfono ¡y salió a contestarlo! (Anita sabe que hablo de esta experiencia bastante seguido y con su envidiable sentido del humor y alegría por la vida, cada vez que le digo que la volví a sacar a colación, su respuesta es una carcajada contagiosa. Es una de mis heroínas por su inaudita fortaleza espiritual.)

Te sugiero que hagas otra práctica de autoconocimiento: la próxima vez que suene de pronto tu teléfono procura no contestarlo a la velocidad en que sueles hacerlo, a ver cuánto tiempo aguantas. Lo importante de este experimento de autoconocimiento es que verifiques si tu sudoración, ritmo cardiaco y movilidad corporal se incrementan a medida que prolongas el tiempo para contestar. ¿Cuánto tiempo podrás resistir? Si logras que transcurran treinta segundos, ¡felicidades!, eres un espécimen que empieza a notarse por su rareza. Si consigues que sean cuarenta y cinco segundos, además de tu rareza excepcional, muestras un comportamiento que le quitará trabajo y honorarios al psiquiatra, así como utilidades a la industria farmacéutica dado que no requerirás sus servicios y productos por causas de neurosis. Si logras no contestarlo en absoluto y permanecer ecuánime en el aspecto fisiológico cuando deje de sonar, podrás ser el próximo líder de seguridad nacional, con altas probabilidades de obtener los mejores resultados que cualquier otro líder anterior hubiera podido alcanzar.

Pero no sólo el teléfono nos distrae con facilidad. Si estamos en una conversación importante y alguien interrumpe por cualquier asunto, en ese instante suspendemos la conversación. En la recepción del hotel, la persona que nos está registrando es llamada por otro huésped en ese momento y de manera automática nos deja de atender para ocuparse de esa interrupción. En plena comida familiar toca el timbre de la casa el amigo de uno de los hijos y en menos de dos segundos éste ya está en la calle; deja a su hermano hablando al aire de la experiencia que le compartía. El colaborador que está concentrado en hacer un plano arquitectónico en el despacho recibe el temible mandato "urge que vengas" y se levanta como de rayo para atenderlo (dicho sea de paso, es muy raro que el llamado urgente sea para algo más importante que el proyecto que interrumpió).

Los fracasos ocurren casi siempre porque empezamos algo que no terminamos, es decir, que interrumpimos. Tenemos el deseo o la necesidad de obtener un resultado y realizamos una primera acción encaminada a ello; esta acción transmite su energía a la siguiente, vinculada con el mismo objetivo, y cuando correspondía pasar esta energía a la siguiente acción en secuencia, esta última es sustituida por otra acción que en nada se relaciona con el logro de dicho objetivo, lo cual provoca que toda la energía acumulada destinada a ello se disperse. Si queremos devolver nuestra atención a la obtención de nuestros deseos, esto implica tener que empezar de nuevo con una primera acción que imprima su energía a la segunda, y así sucesivamente. Pero el grave problema que se nos presenta aquí es que recuperarnos de la interrupción para empezar de nuevo en la dirección correcta implica mayor esfuerzo, y si las interrupciones son frecuentes, llegará un momento en que se volverá imposible contar con la energía suficiente para empezar siquiera; esto lleva a la bancarrota, al fracaso total. ¿La causa? Agotamos la energía necesaria para provocar momentum al interrumpir en forma consistente con el propósito de atender asuntos que al final, no nos aportaban mayor beneficio.

¿Te ha pasado alguna vez, amigo lector o lectora, que has debido suspender tus alimentos más de tres o cuatro veces para encargarte de otros asuntos?, ¿verdad que se quita el apetito, además de que se produce un estado de muy mal humor? y ¿qué tal cuando estás en una entrevista y tu entrevistador se distrae a menudo con otros asuntos no relacionados contigo? Si esto sucede con sólo romper el momentum de una comida o una conversación, ¡imagínate cuando se lo rompemos a los deseos más anhelados de nuestra vida!

Cuando estas interrupciones las ponemos como un proceso continuo al paso del tiempo, ¿qué probabilidades hay de que logremos nuestros deseos más anhelados? Dejemos que la gráfica siguiente nos lo indique.

**Probabilidad de lograr un deseo con excelencia cuando de continuo se interrumpen las acciones orientadas a su realización**

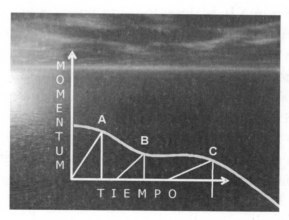

Gráfica 4.1 Momentum interrumpido.

## Análisis de la gráfica 4.1 Momentum interrumpido

*a)* Cuando iniciamos una acción en el tiempo con la finalidad de lograr algo específico y somos capaces de mantenernos concentrados en ella, su momentum crece conforme pasa el tiempo; pero si se interrumpe, en ese instante su momentum se desploma a cero (véase parte A de la gráfica 4.1).

*b)* Sin embargo, el tiempo es un continuo que no se detiene; por tanto, mientras atendemos el otro asunto por el cual fuimos interrumpidos, el tiempo para el asunto prioritario se reduce (espacio en la línea de tiempo entre el fin de la parte A y el inicio de la parte B de la gráfica).

*c)* Por fin regresamos a atender la acción original. ¿Recuperamos de inmediato el nivel de momentum que habíamos logrado en A? ¡No!, sino que empieza desde cero de nuevo; además, nos cuesta un poco más de esfuerzo y de tiempo llegar a un buen nivel de momentum, hasta que una vez más nos interrumpimos para atender cualquier otra acción que nada tiene que ver y en nada contribuye a lograr nuestro deseo anhelado. ¿A dónde se va el momentum de la acción en la que estábamos concentrados? ¡A cero de inmediato! (véase parte B de la gráfica).

*d)* El tiempo sigue su curso hasta que decidimos ocuparnos otra vez de nuestra acción tendiente a conseguir un deseo (espacio entre el fin de la B y el principio de la C en la línea del tiempo).

*e)* ¿Recuperamos de inmediato el momentum de la acción al nivel en el que quedó en B antes de interrumpirnos? ¡No! Debemos reiniciar, con el consecuente mayor nivel de esfuerzo y tiempo para conseguirlo, hasta una siguiente interrupción. ¿A dónde cae de inmediato el momentum de la acción destinada a conseguir el deseo? ¡A menos cero! por dos razones: la primera, porque el tiempo se agotó, y la segunda, porque también la energía se gastó a tal grado que, aunque tuviéramos más tiempo, simplemente nuestra energía ya no nos alcanza para movernos en esa dirección (véase parte C de la gráfica).

*f)* La línea gruesa que une a las aristas de A, B y C muestra la probabilidad de lograr un deseo con excelencia cuando decidimos de continuo interrumpir las acciones necesarias para su realización.

Viene muy al caso la aguda frase de Florence Scovel Shinn: *"Si alguien pide éxito y se prepara para fracasar, logrará la realidad para la cual se preparó".*

## Momentum positivo

Pero ¡qué diferencia tan grande podemos hacer cuando respetamos las leyes que rigen para crear un momentum poderoso! En el final de la sección anterior te invitaba a que realizáramos un análisis más detallado de este concepto. El objetivo es darte esperanza de que si fuera tarde para recuperar, mejorar o renovar algunas cosas importantes de tu vida pasada debido a lo explicado en la gráfica anterior, lo que debemos aprovechar y apreciar tú, lector o lectora, y yo es la creación de momentum positivo desde hoy hasta el resto de nuestra existencia. ¿Cómo lo creamos?

La suma de la ejecución de las acciones muy específicas enfocadas a lograr un deseo claramente definido y realista o a resolver una necesidad particular termina por alcanzar su cometido. La razón del logro es que se ha respetado la creación de momentum, una acción encaminada a un resultado esperado que transmite su energía a la siguiente acción vinculada con ese resultado, que a su vez transmite la energía acumulada más la suya a la siguiente y a la siguiente, hasta que en un momento dado en el transcurso del tiempo... ¡pácatelas!, obtenemos la materialización de ese deseo o dejamos resuelta tal necesidad, pero muchas veces con un grado de beneficio y bienestar muy superior al que hayamos imaginado. ¿Por qué? Una vez más, dejemos que una gráfica lo muestre.

## Probabilidad de lograr un deseo con excelencia cuando respetamos las leyes del momentum

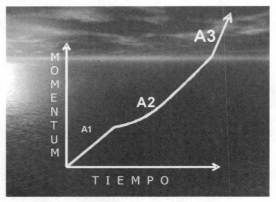

Gráfica 4.2 Momentum positivo.

## Análisis de la gráfica 4.2 Momentum positivo

*a)* Cuando iniciamos una acción en el tiempo con la finalidad de lograr algo específico y somos capaces de mantenernos concentrados en ella, su momentum crecerá conforme pase el tiempo (véase la parte A1 de la gráfica).

b) Completamos la primera acción sin haberla interrumpido y de inmediato damos entrada a la que sigue, pero siempre en línea con el deseo por lograr en un tiempo dado. La segunda empieza con una alta carga energética que le imprime la primera, lo cual hace que el momentum empiece a separarse de un crecimiento aritmético y se inicie otro con el paso del tiempo (véase la parte A2 de la gráfica).

c) Completamos la segunda acción sin haberla interrumpido y de inmediato damos entrada a la siguiente, siempre en línea con el deseo por lograr en un tiempo dado. La tercera empieza con una carga energética mayor que le imprime la segunda, lo cual hace que el momentum se observe más evidentemente geométrico (véase la parte A3 de la gráfica).

La línea ascendente es indicadora de la probabilidad de lograr ese deseo con excelencia, cuando se respetan las leyes del momentum.

Por supuesto, hay que poner en la perspectiva adecuada la creación del momentum positivo y las interrupciones.

Hay ciertas interrupciones que no sólo es necesario sino también indispensable y vital realizar para proteger e incluso aumentar la probabilidad de alcanzar nuestros deseos. Por ejemplo:

- Llevas cuatro días estudiando y preparándote más de diez horas diarias para la presentación de tu examen final de matemáticas… ¡Urge que interrumpas tu estudio, salgas al antro con tus cuates y hables de todo, menos de matemáticas!

- La conversación que sostienes con un compañero de trabajo acerca de un asunto delicado se está desbordando emocionalmente... ¡Urge que la interrumpan y hablen de otros asuntos intrascendentes por completo al amparo de una cerveza bien fría, para reanudar la charla más tarde o incluso al día siguiente!

- Desde hace tres meses, de manera ininterrumpida llevas un plan intenso de ahorro de todo excedente económico para la liquidación de la hipoteca de tu casa... ¡Urge que tomes una pequeña proporción de lo ahorrado e invites a tu familia a entretenerse a algún lugar!

- Durante quince días seguidos te has mantenido con una disciplina de ejercitación corporal y balance alimenticio... ¡Urge que te tomes dos días de descanso y disfrutes unos buenos taquitos al pastor!

- Desde hace veinticinco años te has aplicado a enriquecer tu lenguaje y te has dedicado en cuerpo y alma a que tus hijos hagan lo propio... ¡Urge que te escuchen decir unas cuantas frases vulgares y unas sabrosas e inofensivas mentaditas de madre!

Llegaremos a ser unos directores muy sabios para gobernar a Yo cuando sepamos en qué momento es inapropiado desconcentrarnos de las acciones prioritarias, cuándo es apropiado interrumpirnos... y en qué momento es preciso continuar con ellas.

Un personaje contemporáneo al que considero uno de los maestros más grandes de momentum que la humanidad haya tenido, independientemente de las simpatías o antipatías que un ser humano de este tipo así provoca, fue el papa Juan Pablo II. En su juventud, mucho antes de que pudiera imaginar que llegaría a ocupar un cargo tan relevante, escribió un poema que expresa con incomparable sencillez, claridad y belleza el mecanismo de creación de un momentum positivo.

## Palabras de un reloj

Trabajo más que cualquier mortal, pero más fácilmente porque lo hago segundo a segundo.

Tengo que hacer miles de tictacs para formar un día, pero dispongo de un segundo para hacer cada uno de ellos.

No quiero hacerlos todos a la vez.

Nunca me preocupo de lo que hice ayer, ni de lo que tendré que hacer mañana. Mi ocupación es de hoy, aquí y ahora.

Sé que si hago bien lo de hoy, no tendré que molestarme por el pasado ni preocuparme por el futuro.

Tú que eres persona, si quieres vivir tan tranquilo y tan feliz como yo, no trates de vivir toda tu vida, ni echarte todo el peso de tu trabajo en un solo día.

Vive ahora.

Haz el trabajo de cada día en su día.

Te convencerás de que si te tomas tiempo, siempre hay tiempo para todo.

Hay un modo difícil y una manera fácil de hacer el trabajo que tienes que hacer.

Si quieres encontrar el modo fácil, mírame a mí.

Nunca me preocupo, ni me apresuro, pero nunca me retraso.

Lo que tengo que hacer lo hago.

Es éste el secreto.

**Karol Wojtyla**

A continuación te sugiero que lleves a cabo dos prácticas para que te ejercites en la creación del momentum positivo y tomes conciencia de tu poderoso efecto exponencial.

# Práctica 1

Pide a tu pareja, hermano(a), amigo(a) que, de común acuerdo, se den a la tarea de leer un libro, sencillo de comprender, entretenido y de pocas páginas para leerlo en una semana, pero con contenido educativo importante para ambos. Reserven dos horas de un día de la semana en que puedan reunirse sin descuidar otras prioridades y comprométanse a dialogar sólo sobre su lectura durante ese tiempo. Anota esa acción específica en tu analizador semanal de tiempo.

Algunas sugerencias de libros que es posible que tengas en casa o que, de no ser así, es fácil conseguir en las librerías son:

- *El hombre más rico de Babilonia*, de George S. Clason.
- *Martes con mi viejo profesor*, de Mitch Alborn.
- *Diario de Ana Frank*.
- *Juan Salvador Gaviota*, de Richard Bach.
- *El Principito*, de Antoine de Saint-Exupery.

# Práctica 2

Asiste a un estadio a presenciar un partido de futbol entre dos equipos que tienen gran número de aficionados cada uno. Procura llegar unos treinta minutos antes de que empiece el juego. Mantente muy atento y sensible a cómo se va transformando el ambiente desde el momento en que llegas hasta que te retiras; procura ser uno de los últimos en salir. Pero no sólo observes el juego, sino también presta mucha atención a cómo se absorben en él todos los aficionados. Es una experiencia intensa de lo que significa creación de momentum.

Por último, realiza el ejercicio "Un día de mi vida como director general". Es una experiencia llena de aprendizaje, iniciadora de un poderoso momentum positivo en tu vida como tal. Sigue las instrucciones.

# Un día de mi vida como director general

**Instrucciones**

Imagina que han pasado cinco años en los que de manera consciente has asumido tu rol de director general de Yo. Tu vida ha cambiado notarialmente en todo sentido.

Describe con el mayor detalle posible cómo vives desde que despiertas en tu cama, hasta que te vuelves a acostar, cómo es un día habitual de tu existencia después de haber logrado varios de tus deseos y cubierto algunas necesidades importantes que te habías propuesto cinco años atrás.

En tu descripción integra sabores, olores, sensaciones, decoración, actividades específicas, personas, medio de transporte, niveles de conversaciones, tipos de asuntos que te ocupan, etcétera.

Si necesitas más espacio de escritura, puedes utilizar un cuaderno.

Empieza a escribir sin preocuparte en absoluto por la calidad de redacción, ni la ortografía, ni siquiera por seguir un orden cronológico de acontecimientos. Anota lo que venga a tu mente y no te detengas. Recuerda que lo haces para crear un momentum muy importante de tu vida. Por ello, cuanto más escribas y con mayor detalle lo hagas sin detenerte, en un momento dado experimentarás esa increíble sensación de que tu redacción fluye y dejarás profundamente grabadas en tu mente imágenes poderosas y muy clarividentes de la calidad de vida que anhelas y mereces vivir… si te esfuerzas con congruencia para conseguirla.

¡Disfruta esta experiencia inolvidable!

# Un día de mi vida como director general (continuación)

Aquí inicia tu proceso de escritura de la descripción de un día de tu vida como director general. Utiliza el formato de la página siguiente. Si necesitas más espacio, emplea el que te ofrecemos a continuación.

_____

_____

_____

_____

_____

_____

_____

_____

_____

| Horario | Lunes | Martes | Miércoles | Jueves | Viernes | Sábado | Domingo |
|---------|-------|--------|-----------|--------|---------|--------|---------|
| 12:00 a.m. | | | | | | | |
| 01:00 a.m. | | | | | | | |
| 02:00 a.m. | | | | | | | |
| 03:00 a.m. | | | | | | | |
| 04:00 a.m. | | | | | | | |
| 05:00 a.m. | | | | | | | |
| 06:00 a.m. | | | | | | | |
| 07:00 a.m. | | | | | | | |
| 08:00 a.m. | | | | | | | |
| 09:00 a.m. | | | | | | | |
| 10:00 a.m. | | | | | | | |
| 11:00 a.m. | | | | | | | |
| 12:00 p.m. | | | | | | | |
| 01:00 p.m. | | | | | | | |
| 02:00 p.m. | | | | | | | |
| 03:00 p.m. | | | | | | | |
| 04:00 p.m. | | | | | | | |
| 05:00 p.m. | | | | | | | |
| 06:00 p.m. | | | | | | | |
| 07:00 p.m. | | | | | | | |
| 08:00 p.m. | | | | | | | |
| 09:00 p.m. | | | | | | | |
| 10:00 p.m. | | | | | | | |
| 11:00 p.m. | | | | | | | |

# 5 Epílogo

Estamos próximos a concluir nuestro proyecto para graduarnos como directores generales bien capacitados para dirigir nuestra empresa Yo. Ya tenemos más conocimiento de esta maravillosa empresa que somos nosotros: cómo estamos constituidos, quienes forman parte de nuestro equipo, qué necesita cada uno de sus miembros para ejercer al máximo su función particular y el papel de director que nos corresponde asumir para saber dirigir con maestría a cada uno de ellos y con esto lograr que nuestra empresa trascienda.

"¿Qué es el hombre para que te acuerdes de él, Señor?"... Profundo cuestionamiento que plantea el salmista al Dios que permite que sus criaturas lo maten con tal de respetar la libertad con las que las creó; así, nos deja desconcertados en cuanto a la capacidad para comprender la magnitud de nuestra valía como humanos.

Si en verdad nos ocupáramos de prestar atención a lo que somos como personas independientemente de lo que hacemos o logramos, de nuestra cuna de nacimiento o de cualquier circunstancia externa a nosotros, caeríamos en la cuenta del inconmensurable valor intrínseco que tenemos. Necesitamos aplicar nuestra pala mental para limpiar toda la basura que traemos encima que nos impide descubrirlo. Entonces, libres de tantos ruidos, distractores, complejos y miedos, podríamos quedar ocupados en lo que en realidad más importa en nuestra vida humana: trascender.

Es patético observar, siendo lo que somos y estando constituidos como estamos, cómo muchas personas eligen autodenigrarse, victimizarse, acomplejarse, prostituirse y evadirse, en vez de asumir su responsabilidad de sortear sus dificultades y trascender. Fuimos llamados a vivir para trascender, fuimos los elegidos y nos equiparon de sobra con recursos para lograrlo... ¡Y por voluntad propia elegimos renunciar a ello! Eso es patético.

Espero con sinceridad, querido lector o lectora, que no estés "dormido" en esta breve existencia terrenal, que nunca olvides la razón de ella. Vivimos sólo un instante que jamás se repetirá. Creo que el castigo más infernal de todos los que podrían aquejarnos sería el de darnos cuenta demasiado tarde de que pasamos la mayor parte de la vida inconscientes de ella, ocupándola en asuntos con un valor despreciable.

> Es un día triste cuando descubres que no fue accidental, o por falta de tiempo o fortuna, pero sólo por ti mismo, que alejaste las oportunidades de ti.
>
> **Lilian Hellman**

Ojalá, insisto, lector o lectora, no nos quede a ti y a mí esa lúgubre definición.

Te ofrezco una última dinámica de trabajo que te dejo con la gran esperanza, por un lado, de que sea un poderoso detonador para que lleves a cabo todo lo sugerido en este libro de manera permanente y, por otro, que te ayude a conservarte despierto en tu vida. Te pido que vayas al final de este capítulo y escribas, con el mayor detalle posible, qué quieres dejar a este mundo antes de tu partida y a cuántos querrías que tu legado beneficiara por generaciones completas. Mientras tenemos el privilegio de seguir con vida, ocuparnos día a día en ello hará que nuestro momentum positivo nunca deje de crecer y nos permita vivir plenamente vivos. Y cuando llegue la hora de partir, cuando nuestro momentum terrenal baje a cero, en ese instante muchas empresas Yo habrán quedado influidas en forma positiva por la nuestra, de tal forma que el límite que alcanzamos de momentum justo antes de irnos sea el inicio del momentum que dichas empresas continuarán.

Recuerda que la empresa se llama tu vida; manéjala como su director general experto y apasionado. Nunca te conformes con un puesto inferior.

Con sinceridad, respeto y afecto.

Guillermo Gánem

## Posdata

Compañero lector o lectora: el tiempo que dedicaste a poner atención a lo aquí expuesto sólo quedaría compensado si ahora que terminas de leerlo te sientes mejor que cuando lo empezaste. Si sientes que nuevos caminos se te pueden abrir o si la luz de la esperanza te vuelve a iluminar, toma en cuenta que lo importante no es ver hacia atrás ni lamentarse de lo que ya no fue. Ahora sólo nos queda lo que nos reste de vida y lo que importa es que, hasta entonces, ¡nunca más! nos demos permiso de vivir inconscientes, conformistas, apocados y desganados, en una palabra, convertidos en víctimas.

Aprovechemos en serio lo que somos y explotemos en serio el potencial que tenemos. ¿Y si no logramos lo que anhelamos? Como dijo el presbítero Salvador Saavedra, hombre con intensa luz a quien el mundo ha tenido el privilegio de cobijar: "El cielo no es de los perfectos, sino de los esforzados".

# ¿Qué voy a dejar cuando parta?

Sigue las mismas instrucciones de escritura señaladas en el ejercicio "Un día de mi vida como director general", de la página 260.

Recuerda que cuanto más desarrolles tu escrito, más potente será el momentum que creará, con la consecuente fijación de una imagen muy poderosa en tu mente para algo tan significativo de tu vida: su trascendencia.

¡Disfrútalo!

# Sugerencias de lectura y talleres

Las siguientes son mis sugerencias de lectura y talleres para enriquecer la experiencia de aprendizaje del director general de la empresa Yo.

*El miedo a la libertad*, Erich Fromm, México, Editorial Paidós, primera edición en castellano, 1947, reimpresión 2005.

Lectura que puede dejarnos conmocionados por el grado de inconsciencia en el que vivimos la mayoría de las personas, creyendo que nuestros pensamientos y sentimientos son muy auténticos y originales, cuando casi todos han sido históricamente condicionados.

*El hombre en busca de sentido*, Viktor Frankl, Barcelona, Editorial Herder, 1989.

Experiencia de vida en el campo de concentración nazi a la que sobrevivió el doctor Frankl, médico y psiquiatra de profesión, quien la comparte en este libro. El autor nos deja un potente mensaje acerca de la capacidad del hombre para, a pesar de que le toque vivir las circunstancias más adversas imaginables, decidir con libertad si se victimiza por los acontecimientos ("¿Por qué me sucede esto a mí?") o, por el contrario, se responsabiliza ("¿Qué es lo que la vida me está pidiendo que aprenda de esta situación?"). De acuerdo con la forma en que responda, podrá perderse en la desesperación, la queja, la impotencia y llegar incluso hasta la locura, haciendo de su vida un horror y una carga más para sus semejantes, o bien, elegir darle un sentido que lo impulse a generar actitudes y acciones que por su nobleza, beneficio, heroísmo, humanismo y fuerza de carácter con que se manifiestan y por las consecuencias tan positivas que producen, dejan una huella indiscutible e imborrable de que el hombre siempre será más grande que sus circunstancias. En particular valiosa resultó para mí la exposición de este cuestionamento que hace Frankl en uno de los momentos más críticos de mi vida, cuando la salud de mi esposa estaba seriamente dañada y, a la vez, nuestros hijos daban señales muy claras de que entraban en la adolescencia. Entonces empezaba a sentirme muy desesperado, impotente, dolido y agotado. Lo contado por Frankl en su libro y la manera en que lo expresa fueron una poderosa vacuna para no colapsarme.

*Los siete hábitos de la gente altamente efectiva*, Stephen R. Covey, México, Buenos Aires, Barcelona, Editorial Paidós, 1989.

Este libro se ha convertido en un clásico del liderazgo personal e interpersonal y lectura obligada en cientos de organizaciones, universidades y escuelas de muchas partes del mundo. Covey nos enseña que, al comprender primero y después alinear nuestras conductas y acciones con un conjunto de unos pocos principios fundamentales de la efectividad humana, podemos lograr un crecimiento personal y un desarrollo de relaciones interpersonales ilimitados. La genialidad por la que pienso que su libro ha obtenido tan extraordinario éxito, es que deja muy clara la comprensión de cada uno de los principios que lo componen, pero no se queda ahí. También describe cuáles conductas son las que surgen de esos principios y cómo es posible para cualquiera que se lo proponga llevarlas a la práctica diaria. Todo el libro abunda en ejemplos muy clarificadores y estimulantes.

*Imágenes creativas*, Wiliam Fezler, Editorial Roca.

Libro muy práctico y lleno de ejercicios que llevan al lector de la mano para ayudarlo a construir las imágenes mentales más ricas en contenidos sensoriales.

*El hombre más rico de Babilonia*, George S. Clason, Barcelona, Ediciones Obelisco, 17ª edición, noviembre de 2002.

Libro de muy fácil lectura, divertido y ameno. Si analizamos con la pala mental a Arkad, el personaje sabio e inmensamente rico, comprenderemos que sus resultados fueron fruto de asumir con excelencia su rol de director general de Yo siempre con las mejores actitudes empresariales. A sus amigos que van a pedirle consejo para salir de la pobreza les hace ver que sus actitudes de empleados, características de quien no se decide a ocupar su puesto de director general, son las que los tienen arruinados y, mientras no las cambien, les irá cada vez peor.

*El manantial*, Anthony de Mello, Santander, Editorial Sal Terrae, 1984.

Fabuloso libro que compendia una gran cantidad de ejercicios que nos ayudan a incrementar en gran medida nuestro nivel de conciencia y a recuperar la tan anhelada paz del espíritu. Y, como reza su advertencia al inicio, pese a las frecuentes referencias a Jesucristo, de quien De Mello se declara discípulo, la obra está dirigida a toda clase de personas, con independencia de su afiliación espiritual: religiosas, no religiosas, agnósticas, ateas.

Asociación Latinoamericana de Desarrollo Humano, S.C. (Aladeh), teléfonos (55) 5211-0303 y 5211-0302.

Los cursos que esta asociación ofrece para manejar mejor nuestros pensamientos y potencializar el uso de nuestra imaginación son los más completos, profesionales, estructurados y científicamente documentados que se encuentran en el mercado, a un precio accesible para el grado de beneficio que puede aportar a los interesados en su desarrollo mental.

Franklin Covey de México, S. de R.L. de C.V., teléfono 01 800 711-6192.

El taller "Los siete hábitos de la gente altamente efectiva", así como el *"Focus*, logre sus más altas prioridades"*, son dos experiencias de aprendizaje muy valiosas y prácticas que obtienen los participantes. Aunque la sugerencia puede ser tendenciosa, pues parte de mi vida profesional se ocupa en la presentación de tales talleres, muchos de los asistentes reconocen que estas experiencias de aprendizaje han sido de las más útiles, orientadoras y enriquecedoras que hayan recibido en su vida, para controlar mejor sus prioridades, su tiempo y su relación con los demás.

Cualquier novela de Fiódor Dostoievski, de preferencia *Los hermanos Karamazov*, su obra maestra.

Aunque no se trata de una lectura ligera, la forma en que el autor describe la psique humana por medio de sus diferentes personajes, de acuerdo con el medio ambiente en que se desenvuelven, nos descubre parte de nuestras pasiones ocultas o negadas que afloran a la superficie mientras avanzamos en la lectura. Además, Dostoievski es un genio en el uso de la pala mental cuando pone a dialogar a sus personajes, quienes en el proceso de profundización nos dejan reflexiones, cuestionamientos y conclusiones que son una auténtica nutrición para el autoconocimiento y la expansión de la conciencia.

*Emociones destructivas*, Daniel Goleman (narra un diálogo científico con el dalai lama), Buenos Aires, Editorial Vergara, 3ª reimpresión, febrero de 2006.

Al leer este libro nos convertimos en testigos oculares de este diálogo científico entre connotados maestros de tradición budista y científicos occidentales. Celebrado en la India en marzo de 2000, a invitación expresa de Su Santidad el dalai lama, su propósito era conocer, por los expertos en la investigación de las emociones humanas, cómo surgen las emociones destructivas, qué áreas del cerebro se activan o desactivan cuando se presentan, qué riesgos y consecuencias provocan y cómo se pueden prevenir y/o controlar, desde la perspectiva científica-psicológica occidental y la holística-espiritual oriental.

Lectura obligada si queremos estar más conscientes del daño que causamos a los demás cuando manejamos nuestras emociones en forma adecuada. Muchas relaciones interpersonales que se rompen por esta causa podrían no llegar a este punto si tan sólo hubiera la voluntad sincera de aprender la información tan rica que contiene este libro.

*Yo, Inc.* de Guillermo Gánem
se terminó de imprimir en Agosto del 2008 en
Litográfica Ingramex, S.A. de C.V.
Centeno 162-1, Col. Granjas Esmeralda,
México, D.F.